한상인 교수의

성경 66권 맥잡기 2

신약편

한상인 교수의

성경 66권 맥잡기 2

신약편

한상인 지음

다윗의열쇠

추천사

성경 66권 안에는 인류의 창조와 타락, 이스라엘의 역사, 예수 그리스도의 사역과 십자가와 부활, 교회의 시작과 성령의 사역 등이 기록되어 있습니다. 성경을 깊이 보면 인간을 향한 하나님의 섭리와 사랑을 깨닫게 되고, 성령의 인도하심을 통해 앞으로 나아갈 방향을 알게 됩니다.

"주의 말씀은 내 발의 등이요 내 길에 빛이니이다"(시 119:105)라는 시편 기자의 고백처럼 하나님의 말씀은 인생의 나침반이며, 삶의 목표가 됩니다. 또한 하나님의 말씀은 살아 있고 활력이 있어 좌우에 날선 어떤 검보다도 예리하며 마음의 생각과 뜻을 판단한다고 말씀합니다(히 4:12). 이처럼 성경 66권은 단순한 책이 아니라, 살아계신 하나님의 말씀입니다. 그 말씀은 죄와 마귀의 권세를 꺾어버리고 우리의 영혼을 성숙시켜 성령의 도구로 온전히 쓰임 받게 하는 능력과 생명입니다. 그러므로 모든 그리스도인들은 항상 말씀으로 무장한 사람이 되어야 할 것입니다.

한상인 목사는 한세대학교에서 구약학 교수로 오랫동안 후학들을 가르쳐왔으며, 일본 순복음동경교회 담임목사를 거쳐 여의도순복음교회 부목사로 사역하고 있는 학문과 영성을 겸비한 아끼는 제자입니다. 이번에 성경 66권을 개관한 책을 출간하게 된 것을 매우 기쁘게 생각하며 축하합니다.

주님의 귀한 사역에 쓰임 받는 모든 성도들과 신학생, 사역자들이 이 책을 통해 더욱 은혜를 받고, 하나님 나라의 사명을 이루어 나가는 귀한 일꾼이 되시기를 축원합니다.

2013년 9월

여의도순복음교회 원로목사
조용기 목사

추천사

모든 성경은 하나님의 감동으로 기록된 것으로 영혼육에 구원과 생명을 주는 진리의 말씀입니다. 기도와 말씀의 사람이었던 조지 뮬러(George Muller) 목사는 "우리의 영적 생활의 활력은 우리의 생활과 생각 속에 자리 잡은 성경의 비중에 달려있다"라고 말했습니다. 그러므로 성경 읽기의 중요성은 아무리 강조해도 지나치지 않을 것입니다.

하지만 성경은 약 1500여 년의 오랜 기간에 걸쳐 다양한 문화와 상황 속에서 기록된 책이기 때문에 이해하기 어렵거나 오해하기 쉬운 내용들이 들어 있습니다. 그래서 어떤 사람들은 성경 읽기를 꺼려하기도 하고 어떤 사람들은 성경을 잘못 해석하여 미혹되거나 이단에 빠지기도 합니다. 그 때문에 성경을 올바로 이해하기 위해서는 좋은 인도자가 필요합니다.

그동안 한상인 목사님은 본 교회에서 새벽 기도회를 통하여 성경 66권을 한권씩 개괄하는 설교를 해왔습니다. 이번에 그 강해를 정리하여 책으로 출간하게 된 것을 기쁘게 생각합니다. 성서학자이자 본교회 목사로서 저자는 본서를 통해 성경 66권의 개요를 잘 파악할 수 있게 해줄 뿐만 아니라 삶에 적용시킬 수 있도록 깊은 깨달음을 제시해주고 있습니다. 그러므로 본서는 많은 목회자와 성도님들이 성경을 이해하고 총체적으로 정리하는데 큰 유익을 줄 것입니다.

아무쪼록 여러 성도님들이 본서를 통해서 하나님의 말씀인 성경에 더 가까이 다가갈 수 있기를 바랍니다. 그래서 말씀으로 충만하여 하나님의 사랑과 은혜를 더욱 깊이 누리게 되시기를 축원합니다.

2013년 9월

여의도순복음교회 담임목사

이영훈 목사

머리말

사람이 어떤 일을 행할 때, 숲을 보되 나무를 보지 못하는 치밀함이 없어서도 안 되지만 나무를 보되 숲을 보지 못하는 통찰력이 결여되어서도 안 될 것입니다. 치밀함과 대범한 통찰력은 정반대의 속성이면서도 서로 보완해주는 특성을 가진다고 하겠습니다. 그런데 성도들을 진리와 천성으로 인도하는 지도자로서의 목회자는 성경을 가르칠 때 한 구절 한 구절에 대한 치밀함도 중요하지만, 전체를 꿰뚫는 통찰력이 더욱 필요합니다. 이 나무 저 나무 옮겨 다니며 열매를 취하는 것도 중요하지만 어디로 무엇을 위해 가야 하는지에 대한 방향성이 더욱 중요한 것입니다.

성경을 가르치는 사역을 시작한지 올해로 만 30년이 되었습니다. 성경의 구원의 진리는 간단하고 명료하지만, 그 깊고 오묘한 말씀은 세월이 지나가도 여전히 어렵고 날마다 새롭게 다가옵니다. 그렇지만 하나님의 은혜로 지금까지 깨닫고 가르친 것을 정리하는 기회를 얻게 되었습니다. 지난 몇 년 동안 여의도순복음

교회에서 새벽기도회를 매달 며칠씩 인도하게 되면서 성경 66권을 한 번에 한 권씩 전할 수 있었습니다. 말하자면 새벽기도회 시간에 50장에 달하는 창세기를 30분 안에 설교하였고, 마찬가지로 1장에 불과한 오바댜서도 그렇게 설교하였습니다. 참으로 대범한 일을 한 것입니다. 그러면서 비록 치밀함은 부족했을지라도 통찰력이 생기는 말씀 강해였다고 자부해보았습니다. 더욱이 매번의 새벽기도회 때마다 성경을 한 권씩 30분 동안 공부하고 30분 동안 기도하면서 66권을 섭렵해본 것은 설교한 저 자신뿐만 아니라 성도님들께도 큰 기쁨이었고, 많은 은혜와 감격을 체험하는 시간이었습니다.

그런데 사정상 성경 66권을 계속적으로 강해하지 못하고 거의 2년에 걸쳐 띄엄띄엄 진행했기 때문에 성경 66권에 대한 새벽기도회의 말씀을 다 듣지 못한 성도님들이 적지 않았습니다. 그래서 성경 66권을 다시 강해해 주기를 요청하는 성도님들이 계셨고, 또 이를 체계적으로 일목요연하게 볼 수 있으면 좋겠다는 말씀이 있어서 이번에 책으로 엮게 되었습니다. 성경의 한 책들을 30분 안에 요약해서 전한다는 것은 결국 각권의 개요를 설명하는 것과 다름이 없었습니다. 따라서 본서는 새벽기도회 때 성경 각 권을 개괄적으로 설교한 기초자료를 정리한 것입니다.

30분이라는 동일한 시간 안에서 설교할 자료를 준비하였으므로, 예컨대 성경의 분량에 큰 차이가 나는 요한복음이나 요한삼서에 대한 자료의 분량이 모두 비슷하도록 구성되었습니다. 시간 제약으로 최대한 짧게 정리했는데도 불구하고 막상 모아보니 분량상 한권으로 묶기가 힘들어서 구약편과 신약편으로 나누었습니다.

또한 새벽기도회에서 실제로 설교한 내용은 새벽설교 CD에서 녹취 정리하여 다음에 출간하고자 했습니다. 아무쪼록 「성경 66

권 맥잡기」가 하나님의 말씀을 연구하고 공부하는 분들께 조금 이나마 도움이 되기를 바라는 마음 간절합니다.

그동안 여의도순복음교회 새벽기도회에서 성경 66권을 전할 수 있는 기회를 주신 하나님께 깊이 감사드립니다. 아울러 부족한 제자의 글에 추천사를 써 주신 조용기 원로목사님께 감사드리며, 당회장 이영훈 목사님의 사랑과 권면에 감사드립니다. 함께 해주신 성도님들과 출판에 열과 성을 다해주신 '다윗의 열쇠' 에 감사드립니다.

2013년 9월

여의도순복음교회 교육 · 개척담당 부목사
한상인 목사

목차

추천사 ········ 4

머리말 ········ 8

Part 1. 4복음서

마태복음 ········ 16

마가복음 ········ 23

누가복음 ········ 29

요한복음 ········ 36

Part 2. 역사서

사도행전 ········ 44

Part 3. 바울서신

로마서 ········ 54
고린도전서 ········ 60
고린도후서 ········ 67
갈라디아서 ········ 73
에베소서 ········ 79
빌립보서 ········ 85
골로새서 ········ 91
데살로니가전서 ········ 97
데살로니가후서 ········ 103
디모데전서 ········ 109
디모데후서 ········ 116
디도서 ········ 122
빌레몬서 ········ 129

Part 4. 공동서신

히브리서 ······ 136
야고보서 ······ 145
베드로전서 ······ 151
베드로후서 ······ 158
요한일서 ······ 165
요한이서 ······ 172
요한삼서 ······ 177
유다서 ······ 183

Part 5. 예언서

요한계시록1-8 ······ 190

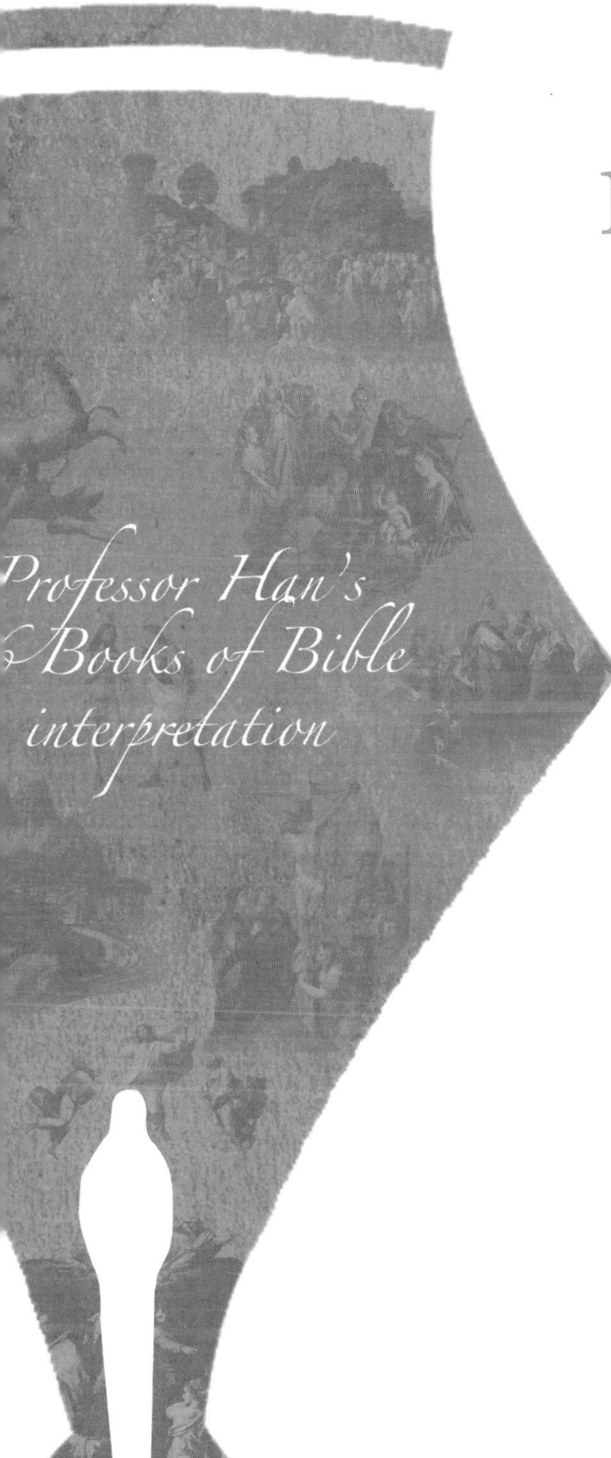

Part 1.

4복음서

마태복음

마가복음

누가복음

요한복음

마태복음

예수께서 무리를 보시고 산에 올라가 앉으시니 제자들이 나아온지라 입을 열어 가르쳐 이르시되 심령이 가난한 자는 복이 있나니 천국이 그들의 것임이요 애통하는 자는 복이 있나니 그들이 위로를 받을 것임이요 온유한 자는 복이 있나니 그들이 땅을 기업으로 받을 것임이요 의에 주리고 목마른 자는 복이 있나니 그들이 배부를 것임이요 긍휼히 여기는 자는 복이 있나니 그들이 긍휼히 여김을 받을 것임이요 마음이 청결한 자는 복이 있나니 그들이 하나님을 볼 것임이요 화평하게 하는 자는 복이 있나니 그들이 하나님의 아들이라 일컬음을 받을 것임이요 의를 위하여 박해를 받은 자는 복이 있나니 천국이 그들의 것임이라 나로 말미암아 너희를 욕하고 박해하고 거짓으로 너희를 거슬러 모든 악한 말을 할 때에는 너희에게 복이 있나니 기뻐하고 즐거워하라 하늘에서 너희의 상이 큼이라 너희 전에 있던 선지자들도 이같이 박해하였느니라(마 5:1-12).

Ⅰ. 들어가는 말

신약은 예수 그리스도와 그의 제자들에 대하여 8명의 저자들, 또는 히브리서의 저자를 따로 넣으면 9명의 저자들에 의해 기록된 27권의 성경이다. 신약이란 명칭은 구약(옛 계약)과 불연속적 연속성을 가진 새로운 계약이다. 신약성경은 주후 45년에서 100년 사이에 쓰였다.

신약성경은 4권의 복음서(마태, 마가, 누가, 요한)와 1권의 역사서(사도행전), 교리적 내용을 담은 21권의 편지(롬, 고전 · 후, 갈, 엡, 빌, 골, 살전 · 후, 딤전 · 후, 몬, 딛, 히, 약, 벧전 · 후, 유, 요일, 요이, 요삼), 그리고 묵시적 내용을 담은 1권의 요한계시록으로 구성되어 있다.

Ⅱ. 특징

1. 공관복음(Synoptic Gospels)

1) 마태, 마가, 누가의 세 복음서는 내용과 그 표현 양식에 있어서 상호 긴밀한 연관성을 띠고 있어서 이를 공관복음이라고 부른다.

2) 예를 들면 나병환자의 치료가 세 복음서에 나타나지만, 약간의 차이가 있다(마 8:1-4; 막 1:40-45; 눅 5:12-16).

2. 기록

세리 출신(마 9:9-13; 10:3)인 마태가 안디옥에서 주후 50-70년에(혹은 75-90년에 유대적 그리스도교 공동체) 사이에 기록한 것으로 파피아스 이래로 인정되어왔다.

마태에 관한 성경 기록은 그의 소명기사(마 9:9; 막 2:14; 눅 5:27)와 12제자의 명단(마 10:3) 뿐이다. 그의 소명기사에 대해서 마태복음에는 '마태', 마가복음과 누가복음에는 '레위'이며 알패오의 아들로 되어 있다. 그는 원래부터 두 이름을 가지고 있었거나 시몬이 베드로라고 불린 것처럼 예수를 좇으면서 '마태'라고 부르게 되었다.

3. 구약과 긴밀한 관계

마태복음에서는 구약성서의 빈번한 인용과 유대교적 교리와의 충돌, 예수님의 메시아 칭호와 그의 전권적 교훈이 강조되고 있다. 특히 예수님의 교훈과 활동이 구약적 율법의 성취임을 드러내고 있다(산상수훈).

Ⅲ. 내용 개요

1. 예수님의 사역의 배경(마 1-2장)

1) 예수님의 족보(마 1:1-17)

2) 탄생(마 1:18-25): 이사야 예언대로 탄생하심(사 7:14)

보라 처녀가 잉태하여 아들을 낳을 것이요 그의 이름은 임마누엘이라 하리라 하셨으니 이를 번역한즉 하나님이 우리와 함께 계시다 함이라(마 1:23).

2. 경배자들과 박해를 피함

1) 동방 박사의 경배(마 2:1-12)

2) 애굽으로의 피난과 귀환으로 메시아의 고난을 예표(마 2:13-23)

위대한 왕의 탄생에 따르는 상서로운 일 대신 박해와 아기들의 죽음이 있음

그들이 떠난 후에 주의 사자가 요셉에게 현몽하여 이르되 헤롯이 아기를 찾아 죽이려 하니 일어나 아기와 그의 어머니를 데리고 애굽으로 피하여 내가 네게 이르기까지 거기 있으라 하시니(마 2:13).

3. 갈릴리에서의 사역(마 3-18장)

1) 공생애의 시작(마 3-4장): 삶은 영적 전쟁

이에 예수께서 말씀하시되 사탄아 물러가라 기록되었으되 주 너의 하나님께 경배하고 다만 그를 섬기라 하였느니라(마 4:10).

2) 산상수훈(마 5-7장): 시온산에 좌정하시는 왕중왕

예수께서 무리를 보시고 산에 올라가 앉으시니 제자들이 나아온지라 입을 열어 가르쳐 이르시되 심령이 가난한 자는 복이 있나니 천국이 그들의 것임이요(마 5:1-3).

3) 다양한 사역(마 8-13장)

4) 침례 요한의 처형에서 고난의 선포까지(마 14-18장): 왜 죽으셔야 하나?

갈릴리에 모일 때에 예수께서 제자들에게 이르시되 인자가 장차 사람들의 손에 넘겨져 죽임을 당하고 제삼일에 살아나리라 하시니 제자들이 매우 근심하더라(마 17:22-23)

4. 예루살렘으로 가는 길(마 19-20장)

1) 이혼과 아이에 대한 교훈

2) 헌신과 보상에 대한 말씀: 베드로의 헌신의 보상에 대한 질문과 포도원 품꾼의 데나리온, 두 제자의 어머니의 부탁 등.

5. 예루살렘의 사역(마 21-25장)

1) 예수님의 예루살렘 입성(마 21장): 평화의 성에 입성하시는 평화의 왕

나귀와 나귀 새끼를 끌고 와서 자기들의 겉옷을 그 위에 얹으매 예수께서 그 위에 타시니(마 21:7).

2) 바리새인들과의 충돌(마 22-23장)

3) 종말의 예언(마 24-25장)

6. 십자가 고난과 부활(마 26-28장)

1) 십자가의 죽음을 앞둔 음모

그 때에 대제사장들과 백성의 장로들이 가야바라 하는 대제사장의 관정에 모여 예수를 흉계로 잡아 죽이려고 의논하되(마 26:3-4).

2) 겟세마네에서 골고다까지(마 26:47-27:66)

3) 빈무덤과 부활(마 28장)

7. 믿는 자들의 사명(마 28:16-20): 십자가와 부활의 증거

예수께서 나아와 말씀하여 이르시되 하늘과 땅의 모든 권세를 내게 주셨으니 그러므로 너희는 가서 모든 민족을 제자로 삼아 아버지와 아들과 성령의 이름으로 침례를 베풀고 내가 너희에게 분부한 모든 것을 가르쳐 지키게 하라 볼지어다 내가 세상 끝날까지 너희와 항상 함께 있으리라 하시니라(마 28:18-20).

Ⅳ. 주요 메시지

1. 메시아의 복음

1) 메시아의 강림은 구약의 예언들의 실현이다(마 1:1-4:11).

메시아의 계보와 탄생, 침례, 광야의 시험 등은 하나님의 정하신 과정 속에서 이루어진 것이다(마 1:22; 2:5; 3:3; 4:14).

2) 메시아가 제시하는 삶의 원칙인 산상수훈(마 4:12-7:29)

하늘나라에 가려면 좁은 문으로 들어가고(마 7:13-14), 행동하라(마 7:23-24).

3) 메시아를 따를 수 있게 하는 표적들(마 8:1-11:1)

치료(나병, 중풍, 열병, 마비, 혈루증, 소경)와 축사, 자연과 죽음을 제어함

4) 하늘나라에 대한 메시아의 비유들(마 11:2-13:53)

주님 앞에 나아와(마 11:28) 비밀을 깨달으라(마 13:51).

5) 메시아 사역에 대한 위기(마 13:54-19:2)

고향에서의 배척, 헤롯의 위협, 제자들의 우둔함(마 16:13-15)

6) 메시아의 선포가 일으키는 분쟁들(마 19:3-26:2)

회개하라(마 23:37-39).

7) 메시아의 고난과 죽음과 부활(마 26:3-28:10)

2. 왕의 복음

마태복음은 미숙한 상태의 교회를 위해 예수님의 가르침을 강소하고 있으며, 그리스도의 왕권을 명백히 드러내고 있다(마

21:5,7; 25:31; 27:37).

> 인자가 자기 영광으로 모든 천사와 함께 올 때에 자기 영광의 보좌에 앉으리니 모든 민족을 그 앞에 모으고 각각 구분하기를 목자가 양과 염소를 구분하는 것 같이 하여 양은 그 오른편에 염소는 왼편에 두리라(마 25:31-33).

마가복음

세베대의 아들 야고보와 요한이 주께 나아와 여짜오되 선생님이여 무엇이든지 우리가 구하는 바를 우리에게 하여 주시기를 원하옵나이다 이르시되 너희에게 무엇을 하여 주기를 원하느냐 여짜오되 주의 영광중에서 우리를 하나는 주의 우편에, 하나는 좌편에 앉게 하여 주옵소서 예수께서 이르시되 너희는 너희가 구하는 것을 알지 못하는도다 내가 마시는 잔을 너희가 마실 수 있으며 내가 받는 침례를 너희가 받을 수 있느냐 그들이 말하되 할 수 있나이다 예수께서 이르시되 너희는 내가 마시는 잔을 마시며 내가 받는 침례를 받으려니와 내 좌우편에 앉는 것은 내가 줄 것이 아니라 누구를 위하여 준비되었든지 그들이 얻을 것이니라 열 제자가 듣고 야고보와 요한에 대하여 화를 내거늘 예수께서 불러다가 이르시되 이방인의 집권자들이 그들을 임의로 주관하고 그 고관들이 그들에게 권세를 부리는 줄을 너희가 알거니와 너희 중에는 그렇지 않을지니 너희 중에 누구든지 크고자 하는 자는 너희를 섬기는 자가 되고 너희 중에 누구든지 으뜸이 되고자 하는 자는 모든 사람의 종이 되어야 하리라 인자가 온 것은 섬김을 받으려 함이 아니라 도리어 섬기려 하고 자기 목숨을 많은 사람의 대속물로 주려 함이니라(막 10:35-45).

Ⅰ. 들어가는 말

마가복음은 종처럼 섬기러 오신 예수님이 잘 드러난다. 마가복음은 예수 그리스도의 인격과 사역을 다룬 역사적 문서이지만, 전기는 아니다.

대체적인 연대기적 순서에 의해 기록되었으며, 무척 객관적인 관점으로 서술하였다. 간단명료하고 아름답고 간결하며 장엄한 문체로 쓰였다. 가장 빠른 기록 연대는 마가에 의해 70년 이전에 로마에서 기록되었다는 것이다. 그는 예수님의 직계 제자가 아니었기 때문에 베드로에게 들은 것을 빠짐없이 정확하게 기록하였다. 그는 최소한 예수님의 체포 상황을 목격하였을 것이다(막 14:51-52).

Ⅱ. 배경

1. 저자

마가복음에는 저자에 대한 언급이 없지만, 전승에 의하면 바나바의 친척이며 바울이나 베드로의 문하생이며 예루살렘의 크리스천 가정의 출신이었다.

마가는 십자가 사건 당시 20세가량이었을 것이며, 사도들의 친구인 마리아의 아들이었다. 마리아의 집에서는 기도 모임이 자주 있었으며, 베드로가 감옥에서 구출된 후에도 제일 먼저 찾아간 친근한 곳이었다(행 12:12).

헤이스(D.A. Hayes)가 마가를 돈 많은 과부의 삐뚤어진 아들이라고 평한 것처럼 마가는 젊을 때 바울의 인정을 받지 못했으나 (행 13:13), 나중에 바울의 유익한 자가 되었다(딤후 4:11).

2. 주제

하나님의 아들 예수 그리스도 복음의 시작이라는 서언이 주제를 나타낸다. 그리스도의 인격이 전면에 흐르고 있으며, 그의 사역들이 주요한 초점이다.

Ⅲ. 내용 개요

1. 서론

1) 하나님의 아들의 복음(막 1:1)

2) 예수 그리스도의 사역 준비(막 1:2-13)

요한에게 인정받음, 성령침례, 광야의 시험

2. 사역의 개시로 예수의 권위를 증명하는 사건들(막 1:14-5:43)

1) 죄 사함의 권세가 있음을 나타내심(막 2:1-12)

그러나 인자가 땅에서 죄를 사하는 권세가 있는 줄을 너희로 알게 하려 하노라 하시고 중풍병자에게 말씀하시되 내가 네게 이르노니 일어나 네 상을 가지고 집으로 가라 하시니(막 2:10-11).

2) 자연의 제어사

예수께서 깨어 바람을 꾸짖으시며 바다더러 이르시되 잠잠하라 고요하라 하시니 바람이 그치고 아주 잔잔하여지더라(막 4:39).

3) 귀신의 제어사

예수께 이르러 그 귀신 들렸던 자 곧 군대 귀신 지폈던 자가 옷을 입고 정신이 온전하여 앉은 것을 보고 두려워하더라(막 5:15).

4) 죽음의 주관자

그 아이의 손을 잡고 이르시되 달리다굼 하시니 번역하면 곧 내가 네게 말하노니 소녀야 일어나라 하심이라(막 5:41).

3. 본격적인 사역 속의 갈등(막 6:1-8:26): 불신과 환호의 엇갈림 속에서 기도하심

1) 나사렛의 불신앙

예수께서 그들에게 이르시되 선지자가 자기 고향과 자기 친척과 자기 집 외에서는 존경을 받지 못함이 없느니라 하시며 거기서는 아무 권능도 행하실 수 없어 다만 소수의 병자에게 안수하여 고치실 뿐이었고(막 6:4-5).

2) 정치적 압력과 침례 요한의 죽음

3) 오병이어의 기적으로 백성들의 환호와 물러나심(막 6:30-56)

예수께서 즉시 제자들을 재촉하사 자기가 무리를 보내는 동안에 배 타고 앞서 건너편 벳새다로 가게 하시고 무리를 작별하신 후에 기도하러 산으로 가시니라(막 6:45-46).

4) 이방지역으로의 피신

4. 사역의 절정(막 8:27-10:31)

1) 가이사랴 빌립보에서의 신앙고백

또 물으시되 너희는 나를 누구라 하느냐 베드로가 대답하여 이르되 주는 그리스도시니이다 하매(막 8:29).

2) 유다와 베뢰아 사역

5. 십자가를 향한 마지막 여행(막 10:32-13:37)

1) 십자가의 수난을 앞두고 제자들을 가르치시고, 병자를 고치심: 근심 중의 사역

그들이 여리고에 이르렀더니 예수께서 제자들과 허다한 무리와 함께 여리고에서 나가실 때에 디매오의 아들인 맹인 거지 바디매오가 길 가에 앉았다가(막 10:46).

2) 예루살렘에 입성하심

앞에서 가고 뒤에서 따르는 자들이 소리 지르되 호산나 찬송하리로다 주의 이름으로 오시는 이여 찬송하리로다 오는 우리 조상 다윗의 나라여 가장 높은 곳에서 호산나 하더라(막 11:9-10).

6. 수난(막 14:1-15:47)

1) 마가의 수난 기사는 엄청난 권세를 가진 그리스도의 갑작스런 종말에 대한 해답을 주고 있다. 그것은 대속의 죽음(막 10:45)과 부활이다.

2) 청년 마가

한 청년이 벗은 몸에 베 홑이불을 두르고 예수를 따라가다가 무리에게 잡히매 베 홑이불을 버리고 벗은 몸으로 도망하니라(막 14:51-52).

7. 부활(막 16:1-20)

1) 부활 신앙

청년이 이르되 놀라지 말라 너희가 십자가에 못 박히신 나사렛 예수를 찾는구나 그가 살아나셨고 여기 계시지 아니하니라 보라 그를 두었던 곳이니라(막 16:6).

2) 믿는 자에 따르는 표적

믿는 자들에게는 이런 표적이 따르리니 곧 그들이 내 이름으로 귀신을 쫓아내며 새 방언을 말하며 뱀을 집어올리며 무슨 독을 마실지라도 해를 받지 아니하며 병든 사람에게 손을 얹은즉 나으리라 하시더라(막 16:17-18).

Ⅳ. 특징

1. 믿음의 고백 강조

청중들이 놀라고(막 1:27), 의아해 하고(막 6:14), 심히 적대적인(막 14:1) 상황 가운데 믿음의 고백들이 우뚝 서 있다(막 1:1; 8:29; 15:39).

2. 로마인을 위한 복음

로마인들의 심성에 맞게 추상성과 문학적 수식을 피하고 간결하고 명확한 문체로 기록되었다. 말(막 4:21), 시위병(막 6:27), 세금(막 12:14), 백부장(막 15:39) 등 로마식 용어를 사용하였다.

3. 능력의 복음

예수 그리스도의 생애 가운데 생각보다 행동에 더 관심을 기울이고 있으며, 사역에 있어서 초자연적인 요소를 숨기거나 과장하지 않는다. 전체적으로 35개의 기적 가운데 18개나 기록되었으며, 기적은 단순히 과시하려는 것이 아니라 인간의 필요와 항시 연결되며 어떤 위급한 상황에서 구조의 수단으로 실행되고 있다.

누가복음

예수께서 그 자라나신 곳 나사렛에 이르사 안식일에 늘 하시던 대로 회당에 들어가사 성경을 읽으려고 서시매 선지자 이사야의 글을 드리거늘 책을 펴서 이렇게 기록된 데를 찾으시니 곧 주의 성령이 내게 임하셨으니 이는 가난한 자에게 복음을 전하게 하시려고 내게 기름을 부으시고 나를 보내사 포로 된 자에게 자유를, 눈 먼 자에게 다시 보게 함을 전파하며 눌린 자를 자유롭게 하고 주의 은혜의 해를 전파하게 하려 하심이라 하였더라 책을 덮어 그 맡은 자에게 주시고 앉으시니 회당에 있는 자들이 다 주목하여 보더라 이에 예수께서 그들에게 말씀하시되 이 글이 오늘 너희 귀에 응하였느니라 하시니(눅 4:16-21).

Ⅰ. 들어가는 말

누가복음을 기록할 당시에 이미 예수님의 생애와 사역에 대한 여러 작품들이 있었는데, 안전하지 않았으므로 누가가 다시 기록하지 않을 수 없었다. 누가는 체계적으로 사실을 배열하려고 했으며, 그가 사용한 자료는 충분히 공인된 자료였을 것이다. 특히 누가는 개종한 귀족이거나 자신을 후원하던 자에게 보내는 글의 형식을 취하고 있다.

마태복음 1장에는 예수님의 족보가 나오고 있어서 사람을 상징으로 나타냈다. 또 마가복음의 1장에는 침례 요한이 광야에서 외치는 소리가 마치 사자의 포효소리 같았기에 사자를 상징으로 하고 있다. 누가복음의 1장에는 제사장들의 제사가 나오는데 제사의 제물로 가장 큰 것이 황소이기에 소를 상징으로 한다. 그리고 요한복음 1장에는 태초로 거슬러 올라가는 말씀처럼 가장 높이 날 수 있다고 생각한 독수리를 상징물로 하고 있다.

반면에 아우구스티누스는 요한계시록 4장 7절에 나오는 네 생물을 복음서와 대조시켜 사자를 마태복음, 송아지를 마가복음, 사람을 누가복음, 독수리를 요한복음으로 연결시켰다. 고고학적 증거로는 에베소의 폐허에서 발견된 누가의 무덤에 십자가와 황소의 형상이 그려진 비석이 있어서 누가복음을 황소복음이라고 주장하기도 한다(1860년 영국 고고학자 T. J. Wood).

Ⅱ. 배경

1. 저자

누가는 라틴어 '루카누스' 또는 '루키리우스'의 약어 형태이다. 그는 누가복음과 사도행전을 기록했으며, 오순절 성령강림으로부터 15년이 지나기 전에 안디옥에서 개종한 이방인이었을 것이다. 그는 수준 높은 문장력을 가졌으며, 헬라적 사고방식이 뚜렷하게 나타나는 언어를 쓰고 있다.

주후 51년에 바울을 만나기 전에는 의사였던 것 같으며, 드로아에서부터 바울과 선교여행에 동행함으로써 새로운 인생이 전개되었다. 그는 빌립보 교회의 목사요, 설교가요, 초대 교회의 교회 역사가이며 변증가로 살게 되었다.

2. 기록

누가가 주후 60년경에 기록되었거나 마가의 자료를 이용하였을 경우 더욱 늦은 시기에 기록되었을 것이다. 기록 장소는 뚜렷한 단서가 없지만, 로마를 포함하여 가이사랴, 아가야, 소아시아, 알렉산드리아 등으로 추정된다.

Ⅲ. 내용 개요

1. 서언 및 구주를 위한 준비(눅 1:1-2:52)

1) 수태고지(受胎告知): 기독교는 기적에서 시작한다.

보라 네 친족 엘리사벳도 늙어서 아들을 배었느니라 본래 임신하지 못한다고 알려진 이가 이미 여섯 달이 되었나니 대저 하나님의 모든 말씀은 능하지 못하심이 없느니라 마리아가 이르되 주의 여종이오니 말씀대로 내게 이루어지이다 하매 천사가 떠나가니라(눅 1:30-38).

2) 요한의 출생과 예수님의 탄생

2. 구주의 사역 준비(눅 3:1-4:15)

1) 침례

믿는 사람들에게는 이런 표적이 따르리니 곧 그들이 내 이름으로 귀신을 쫓아내며 새 방언을 말하며 뱀을 집어올리며 무슨 독을 마실지라도 해를 받지 아니하며 병든 사람에게 손을 얹은즉 나으리라 하시더라(눅 3:21-22).

2) 광야 시험: 세상 유혹을 이기는 자가 사역에 성공한다.

예수께서 성령의 충만함을 입어 요단 강에서 돌아오사 광야에서 사십 일 동안 성령에게 이끌리시며 마귀에게 시험을 받으시더라 이 모든 날에 아무 것도 잡수시지 아니하시니 날 수가 다하매 주리신지라(눅 4:1-2).

3. 사역의 시작(눅 4:16-9:50)

1) 나사렛 회당에서의 선언

주의 성령이 내게 임하셨으니 이는 가난한 자에게 복음을 전하게 하시려고 내게 기름을 부으시고 나를 보내사 포로 된 자에게 자유를, 눈 먼 자에게 다시 보게 함을 전파하며 눌린 자를 자유롭게 하고 주의 은혜의 해를 전파하게 하려 하심이라 하였더라(눅 4:18-19).

2) 말씀을 듣고 행하는 자

너희는 나를 불러 주여 주여 하면서도 어찌하여 내가 말하는 것을 행하지 아니하느냐 내게 나아와 내 말을 듣고 행하는 자마다 누구와 같은 것을 너희에게 보이리라 집을 짓되 깊이 파고 주추를 반석 위에 놓은 사람과 같으니 큰 물이 나서 탁류가 그 집에 부딪치되 잘 지었기 때문에 능히 요동하지 못하게 하였거니와 듣고 행하지 아니하는 자는 주추 없이 흙 위에 집 지은 사람과 같으니 탁류가 부딪치매 집이 곧 무너져 파괴됨이 심하니라 하시니라(눅 6:46-49).

4. 구주의 사명의 의미(눅 9:51-18:30)

1) 누가복음의 고유한 내용

선한 사마리아인(눅 10:28-38), 어리석은 부자(눅 12:13-21), 열매 없는 무화과나무(눅 13:6-9), 연회석 자리(눅 14:7-14), 큰 잔치(눅 14:15-24), 잃어버린 동전(눅 15:8-10), 탕자(눅 15:11-32), 불의한 청지기(눅 16:1-13), 부자와 나사로(눅 16:19-31), 바리새인과 세리(눅 18:9-14) 등

2) 70인 제자를 파송함

그 후에 주께서 따로 칠십 인을 세우사 친히 가시려는 각 동네와 각 지역으로 둘씩 앞서 보내시며 이르시되 추수할 것은 많되 일꾼이 적으니 그러므로 추수하는 주인에게 청하여 추수할 일꾼들을 보내 주소서 하라 갈지어다 내가 너희를 보냄이 어린 양을 이리 가운데로 보냄과 같도다(눅 10:1-3).

3) 하나님의 사랑과 관심

집에 와서 그 벗과 이웃을 불러 모으고 말하되 나와 함께 즐기자 나의 잃은 양을 찾아내었노라 하리라 내가 너희에게 이르노니 이와 같이 죄인 한 사람이 회개하면 하늘에서는 회개할 것 없는 의인 아흔아홉으로 말미암아 기뻐하는 것보다 더하리라(눅 15:6-7).

5. 구주의 수난(눅 18:31-23:56)

1) 예루살렘으로 가는 길: 수난의 도상에서 구원을 베푸시는 예수님

예수께서 여리고로 들어가 지나가시더라 삭개오라 이름하는 자가 있으니 세리장이요 또한 부자라(눅 19:1-2).

2) 인자 예수의 순종을 강조

이르시되 아버지여 만일 아버지의 뜻이거든 이 잔을 내게서 옮기시옵소서 그러나 내 원대로 마시옵고 아버지의 원대로 되기를 원하나이다 하시니 천사가 하늘로부터 예수께 나타나 힘을 더하더라 예수께서 힘쓰고 애써 더욱 간절히 기도하시니 땀이 땅에 떨어지는 핏방울 같이 되더라(눅 22:42-44)

6. 구주의 부활(눅 24:1-53)

1) 사도들의 의심

사도들은 그들의 말이 허탄한 듯이 들려 믿지 아니하나 베드로는 일어나 무덤에 달려가서 구부려 들여다 보니 세마포만 보이는지라 그 된 일을 놀랍게 여기며 집으로 돌아가니라(눅 24:11-12).

2) 이색적으로 엠마오 도상의 현현으로 그의 부활의 확실성 증거

Ⅳ. 특징

1. 인류의 구주의 복음

누가복음에서는 교리가 강조되는데, 특히 그리스도의 인성, 회개의 의미와 본질, 구원, 죄, 칭의, 구속 등의 교리가 명백하게 나타난다.

2. 성령의 역사를 강조

침례 요한과 마리아 엘리사벳, 사가랴, 시몬, 그리고 예수님 등 모든 인물들이 성령에 의해서 그들의 사역을 위한 능력을 받았다(눅 1:35; 4:1,14,18; 10:21; 24:49).

3. 가장 문학적

어휘가 풍부하고 다양하며, 교회 찬송으로 전해오는 네 개의 아름다운 시와 노래가 있다(눅 1:46-55; 1:67-79; 2:14; 2:28-32).

4. 탁월한 역사성

예수님의 탄생부터 죽음까지의 일생을 자세히 묘사하고 있다.

5. 약자를 위한 복음

여자들과 어린 아이들, 가난하고 압제 당하는 자들에 깊은 관심을 보이고 있다.

요한복음

나는 선한 목자라 선한 목자는 양들을 위하여 목숨을 버리거니와 삯꾼은 목자가 아니요 양도 제 양이 아니라 이리가 오는 것을 보면 양을 버리고 달아나나니 이리가 양을 물어 가고 또 헤치느니라 달아나는 것은 그가 삯꾼인 까닭에 양을 돌보지 아니함이나 나는 선한 목자라 나는 내 양을 알고 양도 나를 아는 것이 아버지께서 나를 아시고 내가 아버지를 아는 것 같으니 나는 양을 위하여 목숨을 버리노라 또 이 우리에 들지 아니한 다른 양들이 내게 있어 내가 인도하여야 할 터이니 그들도 내 음성을 듣고 한 무리가 되어 한 목자에게 있으리라 내가 내 목숨을 버리는 것은 그것을 내가 다시 얻기 위함이니 이로 말미암아 아버지께서 나를 사랑하시느니라 이를 내게서 빼앗는 자가 있는 것이 아니라 내가 스스로 버리노라 나는 버릴 권세도 있고 다시 얻을 권세도 있으니 이 계명은 내 아버지에게서 받았노라 하시니라(요 10:11-18).

Ⅰ. 들어가는 말

요한복음은 다른 복음서와 현저하게 구분된다. 그 구조와 형태가 다르며, 비유에 관한 기사도 없다. 기적 이야기도 정선된 7개 표적으로 나타나는데 5개는 다른 복음서에 기록되지 않은 것이다. 예수님의 말씀도 윤리적 가르침보다는 그의 인격에 초점을 맞추고 있어서 그 진정성을 의심받기도 했다.

요한복음은 하나님의 아들의 신성을 강조함으로써 그리스도인을 위한 믿음의 복음이라고 말해지며, 마태복음을 유대인, 마가복음을 로마인, 누가복음을 헬라인을 위한 복음이라고 할 때 요한복음은 동양인을 위한 복음이라고 말할 수 있다.

Ⅱ. 배경

1. 저자

전통적으로 예수님의 제자 요한이 기록했다고 본다. 요한 저자설은 유세비우스가 인용한 파피아스의 글에서 처음 증거가 발견되며, 이레니우스를 비롯한 교부들이 압도적으로 요한의 저작권에 동의하고 있다.

저자는 아람어적 방식에 익숙한 유대인이며, 예루살렘과 그 근교에 친척을 가지고 있었다. 그는 기록한 사건의 목격자로 베드로의 가까운 동료이며, 사랑하는 제자로서 세베대의 아들 요한인 것이다.

2. 기록

요한복음의 기록시기는 저자에 대한 견해의 차이로 40년에서 140년까지 폭넓게 주장된다. 최선의 해답은 1세기 말엽 소아시아, 아마도 에베소에서 교회가 성숙하여 믿음의 본질을 가르치려는 요구에 맞추어 기록되었을 것이다. 에베소에서 사도 요한의 기념교회와 마리아의 집터가 발굴되었다.

3. 목적

변증적인 책으로 독자에게 믿음을 갖도록 하기 위해 기록되었다. 또한 공관복음에 있는 내용의 과감한 생략이나 새로운 내용의 첨가를 볼 때 독자들에게 새롭고 보충적인 설명을 해주려는 의도가 있었던 것 같다.

Ⅲ. 내용 개요

1. 서론(요 1:1-18)

1) 태초부터 계신 말씀

태초에 말씀이 계시니라 이 말씀이 하나님과 함께 계셨으니 이 말씀은 곧 하나님이시니라(요 1:1).

2) 말씀이 육신이 되신 분을 영접하라.

영접하는 자 곧 그 이름을 믿는 자들에게는 하나님의 자녀가 되는 권세를 주셨으니 이는 혈통으로나 육정으로나 사람의 뜻으로 나지 아니하고 오직 하나님께로부터 난 자들이니라(요 1:12-13).

2. 예수 그리스도의 출현에 대한 반응(요 1:19-4:54)

1) 침례 요한의 증거

이튿날 요한이 예수께서 자기에게 나아오심을 보고 이르되 보라 세상 죄를 지고 가는 하나님의 어린 양이로다(요 1:29).

2) 나타난 믿음의 실체와의 만남

학식 있는 니고데모의 방문, 비판적인 사마리아 여인과의 대화, 왕의 신하의 끈질긴 간청을 통해 다양한 믿음을 보여줌

3. 공적으로 드러난 예수와의 논쟁(요 5:1-6:71)

1) 베데스다 병자 치유로 안식일 논쟁(입법자 예수)

그러므로 안식일에 이러한 일을 행하신다 하여 유대인들이 예수를 박해하게 된지라 예수께서 그들에게 이르시되 내 아버지께서 이제까지 일하시니 나도 일한다 하시매 유대인들이 이로 말미암아 더욱 예수를 죽이고자 하니 이는 안식일을 범할 뿐만 아니라 하나님을 자기의 친 아버지라 하여 자기를 하나님과 동등으로 삼으심이러라(요 5:16-18).

2) 예수님의 신성의 증거: 침례 요한, 예수님의 사역, 하나님, 성경, 모세

너희가 성경에서 영생을 얻는 줄 생각하고 성경을 연구하거니와 이 성경이 곧 내게 대하여 증언하는 것이니라(요 5:39).

4. 충돌과 위기(요 7:1-12:36)

1) 반대자들과의 충돌이 점증됨(요 9장)

2) 예수님의 사역의 목적을 위한 죽음

내가 내 목숨을 버리는 것은 그것을 내가 다시 얻기 위함이니 이로 말미암아

아버지께서 나를 사랑하시느니라(요 10:17).

3) 능력에 대한 최고의 증거(요 11장)

예수께서 이르시되 나는 부활이요 생명이니 나를 믿는 자는 죽어도 살겠고 무릇 살아서 나를 믿는 자는 영원히 죽지 아니하리니 이것을 네가 믿느냐(요 11:25-26).

4) 베다니 향유 부음

예수께서 이르시되 그를 가만 두어 나의 장례할 날을 위하여 그것을 간직하게 하라(요 12:7).

5) 예루살렘 입성

5. 개인적 사역으로의 전환(요 12:37-17:26)

1) 대중을 떠나 제자들과의 교훈: 사랑, 성령충만, 담대함

새 계명을 너희에게 주노니 서로 사랑하라 내가 너희를 사랑한 것 같이 너희도 서로 사랑하라 너희가 서로 사랑하면 이로써 모든 사람이 너희가 내 제자인 줄 알리라(요 13:34-35).

내가 아버지께로부터 너희에게 보낼 보혜사 곧 아버지께로부터 나오시는 진리의 성령이 오실 때에 그가 나를 증언하실 것이요(요 15:26).

이것을 너희에게 이르는 것은 너희로 내 안에서 평안을 누리게 하려 함이라 세상에서는 너희가 환난을 당하나 담대하라 내가 세상을 이기었노라(요 16:33).

2) 하나님과 회담(會談)의 기도(요 17:1-26)

6. 신앙과 불신앙이 점철된 종결(요 18:1-20:31)

1) 불신앙: 유다의 배신과 베드로의 연약함과 제사장들의 모함과 빌라도의 비겁함

이 날은 유월절의 준비일이요 때는 제육시라 빌라도가 유대인들에게 이르되 보라 너희 왕이로다 그들이 소리 지르되 없이 하소서 없이 하소서 그를 십자가에 못 박게 하소서 빌라도가 이르되 내가 너희 왕을 십자가에 못 박으랴 대제사장들이 대답하되 가이사 외에는 우리에게 왕이 없나이다 하니 이에 예수를 십자가에 못 박도록 그들에게 넘겨 주니라(요 19:14-16).

2) 신앙: 사랑하는 제자와 여인들의 믿음, 숨은 제자의 충성

아리마대 사람 요셉은 예수의 제자이나 유대인이 두려워 그것을 숨기더니 이 일 후에 빌라도에게 예수의 시체를 가져가기를 구하매 빌라도가 허락하는지라 이에 가서 예수의 시체를 가져가니라 일찍이 예수께 밤에 찾아왔던 니고데모도 몰약과 침향 섞은 것을 백 리트라쯤 가지고 온지라(요 19:38-39).

7. 결론(요 21:1-25): 믿는 자의 책임

그들이 조반 먹은 후에 예수께서 시몬 베드로에게 이르시되 요한의 아들 시몬아 네가 이 사람들보다 나를 더 사랑하느냐 하시니 이르되 주님 그러하나이다 내가 주님을 사랑하는 줄 주님께서 아시나이다 이르시되 내 어린 양을 먹이라 하시고(요 21:15).

Ⅳ. 특징

1. 주요 용어(Merrill C. Tenney): 표적(sign), 믿다(believe), 생명(life)

2. 일곱 가지 표적

물을 포도주로 변화시킴(요 2:1-11, 질(質)의 극복), 왕의 신하의 아들을 치료함(요 4:46-54, 공간의 극복), 38년 된 병자를 치료함(요 5:1-9, 시간의 극복), 오천명을 먹이심(요 6:1-14, 양(量)의 극복), 물 위를 걸으심(요 6:16-21, 자연법칙의 극복), 소경을 고치심(요 9:1-12, 운명의 극복), 나사로를 살리심(요 11:1-46, 죽음의 극복)

3. 예수 그리스도의 신성(神性)을 강조한다.

7번에 걸친 "I AM" 선언(생명의 떡, 빛, 양의 문, 선한 목자, 부활과 생명, 길 진리 생명, 참 포도나무)를 비롯하여, 말씀하신 하나님(요 1:1), 아버지와 하나이심(요 10:30) 등 예수님의 신성을 직접적으로 강조한다.

4. 예수님의 인성(人性)도 강조된다.

피곤하고 목마르고(요 4:6-7), 조급하게 실망하고(요 6:26), 슬퍼하고(요 11:35), 민망하고(요 12:27), 떠나기 전에 사랑하신(요 13:1) 인성도 잘 나타나 있다.

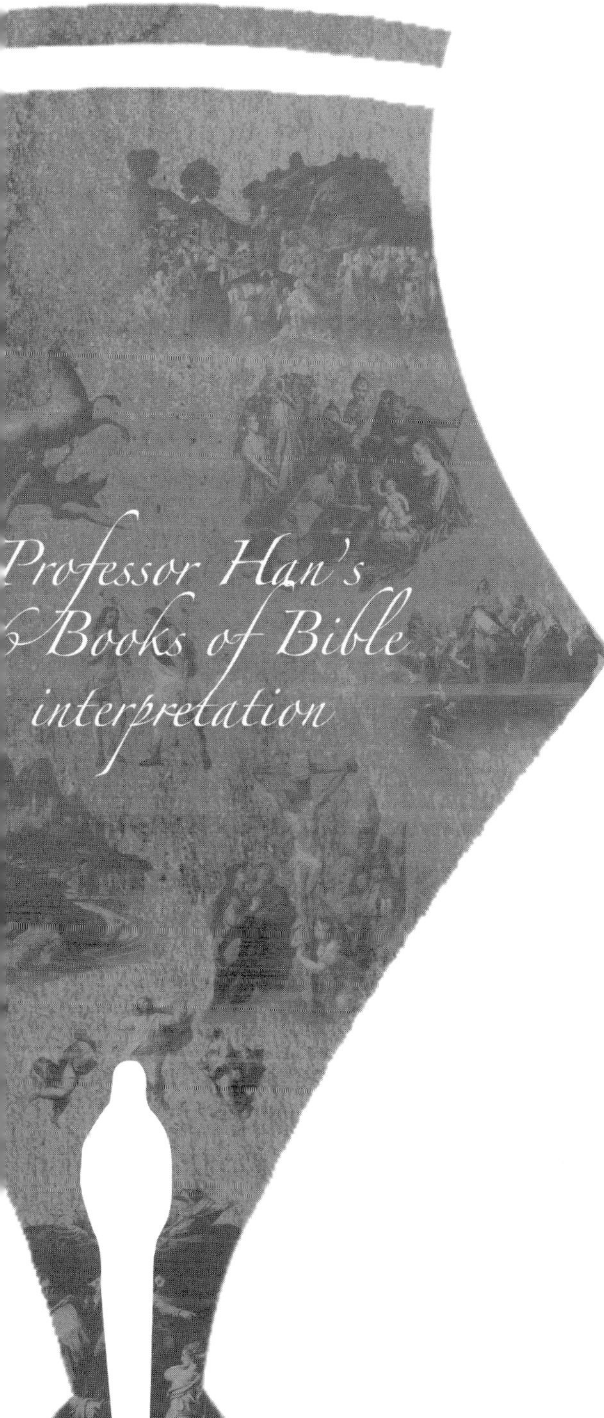

Part 2.

역사서

사도행전

사도행전

이런 일이 세 번 있은 후에 모든 것이 다시 하늘로 끌려 올라가더라 마침 세 사람이 내가 유숙한 집 앞에 서 있으니 가이사랴에서 내게로 보낸 사람이라 성령이 내게 명하사 아무 의심 말고 함께 가라 하시매 이 여섯 형제도 나와 함께 가서 그 사람의 집에 들어가니 그가 우리에게 말하기를 천사가 내 집에 서서 말하되 네가 사람을 욥바에 보내어 베드로라 하는 시몬을 청하라 그가 너와 네 온 집이 구원 받을 말씀을 네게 이르리라 함을 보았다 하거늘 내가 말을 시작할 때에 성령이 그들에게 임하시기를 처음 우리에게 하신 것과 같이 하는지라 내가 주의 말씀에 요한은 물로 침례를 베풀었으나 너희는 성령으로 침례를 받으리라 하신 것이 생각났노라 그런즉 하나님이 우리가 주 예수 그리스도를 믿을 때에 주신 것과 같은 선물을 그들에게도 주셨으니 내가 누구이기에 하나님을 능히 막겠느냐 하더라 그들이 이 말을 듣고 잠잠하여 하나님께 영광을 돌려 이르되 그러면 하나님께서 이방인에게도 생명 얻는 회개를 주셨도다 하니라(행 11:10-18).

Ⅰ. 들어가는 말

십자가에 달리실 때 예수님을 떠나갔던 연약한 제자들이 두려워하지 않고 복음을 전하게 된 계기가 어디에 있을까? 학문이 없던 평범한 제자들이 어떻게 로마와 서구 문명을 변화시키고 새로운 문명을 창조할 수 있었을까? 유대인의 성경을 갖고 있던 사람들이 일으킨 신앙 운동이 어떻게 온 세계 사람이 믿고 따르는 기독교로 발전할 수 있었을까? 복음서와 서신서들은 서로 어떻게 연결될 수 있을까? 그러한 질문들에 대한 해답을 사도행전에서 찾을 수 있다.

Ⅱ. 배경

1. 기록

사도행전은 누가복음에 연결시키고자 누가에 의해 기록된 누가복음의 속편이다. 사도행전 1장 1-2절에 기록된 내용은 누가복음의 내용과 정확하게 일치한다. 신약성경의 역사서로 분류되는 사도행전은 개개인의 신앙을 확립시킨다는 목적하에 예수 그리스도의 교회에 대한 역사적, 영적 모습을 제시해 주고 있다.

2. 저자

저자는 누가복음을 기록한 누가이다. 바울 서신에서는 그의 이름이 세 번(골 4:14; 몬 1:24; 딤후 4:11) 나타난다. 그는 바울의 사랑을 받은 성도였을 뿐만 아니라, 의사로서, 바울의 전도사업의 동역자로서 활약했다. 바울이 제2차 전도여행 도중 드로아에서 환상 중에 마게도냐 사람의 초청을 받은 일이 있는데, 이 마게도냐 사람이 누가라는 견해도 있다.

3. 연대

사도행전의 연대는 글라우디오 때의 기근(행 11:28; 44-48년), 헤롯 아그립바 1세의 죽음(행 12:20-23; 44년), 로마의 유대인 추방(행 18:2; 49년경), 총독 벨릭스(행 23:26; 52-6년), 베스도(행 24:27; 57-60년) 등을 통해 재구성할 수 있다. 바울은 대략 58년 여름에 로마에 도착했을 것이며, 사도행전은 60년에 끝나게 된다.

Ⅲ. 내용 개요

1. 서언(행 1:1-11)

사도행전은 "예루살렘과 온 유대와 사마리아와 땅 끝까지 이르러 내 증인이 되리라"(행 1:8)는 지리적 확대에 따라 전체 내용이 구성되었다.

2. 교회의 기원(행 1:12-8:3)

오순절 마가 다락방에서 기도하던 120문도에게 성령께서 강림하셨다. 성령강림은 구약시대 요엘 선지자로부터 침례 요한의 예언의 성취였고(눅 3:15-16), 예수님의 약속의 성취였다(눅 24:49). 이는 예수 그리스도의 대속의 죽음과 부활의 증거이며(행 2:32-

36), 누구든지 회개하고 예수를 믿으면 성령을 받게 된다.

1) 성령 강림과 디아스포라 유대인

그 때에 경건한 유대인들이 천하 각국으로부터 와서 예루살렘에 머물러 있더니 이 소리가 나매 큰 무리가 모여 각각 자기의 방언으로 제자들이 말하는 것을 듣고 소동하여(행 2:5-6).

2) 복음 전파의 3대 주제

주여 이제도 그들의 위협함을 굽어보시옵고 또 종들로 하여금 담대히 하나님의 말씀을 전하게 하여 주시오며 손을 내밀어 병을 낫게 하시옵고 표적과 기사가 거룩한 종 예수의 이름으로 이루어지게 하옵소서 하더라(행 4:29-30).

3) 교회의 갈등과 스데반의 순교

교회가 성장하면서 설교하는 직분과 행정(구제)을 맡은 직분으로 구분되었다(행 6:1-4). 구제하는 일곱 집사 가운데 스데반은 특히 성령충만하고 믿음이 깊은 사람이었으나 유대교의 지도자들의 핍박을 받아 순교하였다. 그후 대부분의 예루살렘 기독교인들은 유다와 사마리아로 흩어져 버렸다.

스데반이 성령 충만하여 하늘을 우러러 주목하여 하나님의 영광과 및 예수께서 하나님 우편에 서신 것을 보고 말하되 보라 하늘이 열리고 인자가 하나님 우편에 서신 것을 보노라 한대 그들이 큰 소리를 지르며 귀를 막고 일제히 그에게 달려들어 성 밖으로 내치고 돌로 칠새 증인들이 옷을 벗어 사울이라 하는 청년의 발 앞에 두니라(행 7:55-58).

3. 유대교 안에서 교회의 확장(행 8:4-11:18)

1) 사마리아 진도(행 8장): 흩어진 기독교인들 가운데 빌립은 사마리아에 가서 교회의 부흥을 일으켰다.

2) 사울의 회심: 이방인을 위한 사도로 사울을 준비해 놓으셨다(행 9장).

주께서 이르시되 가라 이 사람은 내 이름을 이방인과 임금들과 이스라엘 자손들에게 전하기 위하여 택한 나의 그릇이라(행 9:15).

3) 고넬료의 회심: 최초의 이방인 개종자가 베드로에 의해서 이루어졌다.

그런즉 하나님이 우리가 주 예수 그리스도를 믿을 때에 주신 것과 같은 선물을 그들에게도 주셨으니 내가 누구이기에 하나님을 능히 막겠느냐 하더라 그들이 이 말을 듣고 잠잠하여 하나님께 영광을 돌려 이르되 그러면 하나님께서 이방인에게도 생명 얻는 회개를 주셨도다 하니라(행 11:17-18).

4. 바울의 이방인 선교(행 11:19-21:16)

1) 이방인들로 구성된 교회 가운데 안디옥 교회는 최초로 그리스도인이라는 이름이 생긴 교회로 유명하다. 여기에서 기독교는 유대교의 틀에서 벗어나 독립된 종교로서 성장하게 된다.

만나매 안디옥에 데리고 와서 둘이 교회에 일 년간 모여 있어 큰 무리를 가르쳤고 제자들이 안디옥에서 비로소 그리스도인이라 일컬음을 받게 되었더라(행 11:26).

2) 1차 선교여행(행 13:1-14:28): 안디옥 교회는 바나바와 바울을 선교사로 파송하는 일을 하였고, 구브로, 비시디아의 안디옥, 이고니온, 루스드라, 더베 등 소아시아의 도시들에 가서 복음을 전하였다.

유대인들이 안디옥과 이고니온에서 와서 무리를 충동하니 그들이 돌로 바울을 쳐서 죽은 줄로 알고 시외로 끌어 내치니라 제자들이 둘러섰을 때에 바울이 일어나 그 성에 들어갔다가 이튿날 바나바와 함께 더베로 가서(행 14:19-20).

3) 바울과 바나바의 선교로 이방 교회가 급성장하게 되자, 예루살렘의 공회에서 이방인 신자들이 어느 정도까지 율법을 지켜야 하는가의 문제가 대두되었다(행 15장). 그리하여 최소한의 규정이 정해지게 되었다(야고보서, 갈라디아서 기록).

성령과 우리는 이 요긴한 것들 외에는 아무 짐도 너희에게 지우지 아니하는 것이 옳은 줄 알았노니 우상의 제물과 피와 목매어 죽인 것과 음행을 멀리할지니라 이에 스스로 삼가면 잘되리라 평안함을 원하노라 하였더라(행 15:28-29).

4) 2차 선교여행(행 15:37-18:22)

바울은 안디옥에서 잠시 가르친 후에 주후 52-55년 사이에 바나바와 헤어지고(행 15:36-41), 소아시아 지역으로 제2차 선교여행을 떠났다. 그는 빌립보, 데살로니가, 베뢰아, 또한 아가야 지방의 아덴과 고린도에서 전도하고 안디옥으로 귀환하였다(행 18:18-22; 데살로니가전 · 후서 기록).

또 회당장 그리스보가 온 집안과 더불어 주를 믿으며 수많은 고린도 사람도 듣고 믿어 침례를 받더라 밤에 주께서 환상 가운데 바울에게 말씀하시되 두려워하지 말며 침묵하지 말고 말하라 내가 너와 함께 있으매 어떤 사람도 너를 대적하여 해롭게 할 자가 없을 것이니 이는 이 성중에 내 백성이 많음이라 하시더라 일 년 육 개월을 머물며 그들 가운데서 하나님의 말씀을 가르치니라(행 18:8-11).

5) 3차 선교여행(행 18:23-21:16)

주후 55-59년 사이에 제3차 선교여행을 떠난 바울은 에베소, 마게도냐와 아가야, 드로아와 밀레도를 방문하고 돌아오게 된다(고린도전 · 후서, 로마서 기록).

(1) 에베소 선교와 소동

아볼로가 고린도에 있을 때에 바울이 윗지방으로 다녀 에베소에 와서 어떤 제자들을 만나 이르되 너희가 믿을 때에 성령을 받았느냐 이르되 아니라 우리는 성령이 계심도 듣지 못하였노라(행 19:1-2).

(2) 예루살렘으로 향해 가는 장엄한 길

보라 이제 나는 성령에 매여 예루살렘으로 가는데 거기서 무슨 일을 당할는지 알지 못하노라 오직 성령이 각 성에서 내게 증언하여 결박과 환난이 나를 기다린다 하시나 내가 달려갈 길과 주 예수께 받은 사명 곧 하나님의 은혜의 복음을 증언하는 일을 마치려 함에는 나의 생명조차 조금도 귀한 것으로 여기지 아니하노라(행 20:22-24).

5. 바울의 투옥과 로마행(행 21:17-28:31): 58년 여름 경

바울의 화해의 노력에도 불구하고 유대교와 기독교는 충돌이 불가피했다. 성전에서 체포된 바울은 그를 죽이려는 손길을 피해 가이사에게 호소함으로써 로마로 가서 재판을 받게 되었다. 바울은 가이사랴나 로마의 감옥에서 56-60년 사이에 4권의 옥중서신(엡, 빌, 골, 몬)을 기록하였다.

1) 바울의 예루살렘에서의 간증 설교

나는 유대인으로 길리기아 다소에서 났고 이 성에서 자라 가말리엘의 문하에서 우리 조상들의 율법의 엄한 교훈을 받았고 오늘 너희 모든 사람처럼 하나님께 대하여 열심이 있는 자라 내가 이 도를 박해하여 사람을 죽이기까지 하고 남녀를 결박하여 옥에 넘겼노니(행 22:3-4).

2) 총독 벨릭스의 복음 앞에서의 태도

수일 후에 벨릭스가 그 아내 유대 여자 드루실라와 함께 와서 바울을 불러 그리스도 예수 믿는 도를 듣거늘 바울이 의와 절제와 장차 오는 심판을 강론하니 벨릭스가 두려워하여 대답하되 지금은 가라 내가 틈이 있으면 너를 부르리라 하고 동시에 또 바울에게서 돈을 받을까 바라는 고로 더 자주 불러 같이 이야기하더라(행 24:24-26).

3) 로마로 가는 바울

우리가 배를 타고 이달리야에 가기로 작정되매 바울과 다른 죄수 몇 사람을 아구스도대의 백부장 율리오란 사람에게 맡기니(행 27:1).

4) 유라굴로의 광풍을 탄 항해

얼마 안 되어 섬 가운데로부터 유라굴로라는 광풍이 크게 일어나니 배가 밀려 바람을 맞추어 갈 수 없어 가는 대로 두고 쫓겨가다가(행 27:14-15).

5) 로마에 도착한 바울

우리가 로마에 들어가니 바울에게는 자기를 지키는 한 군인과 함께 따로 있게 허락하더라(행 28:16).

바울이 온 이태를 자기 셋집에 머물면서 자기에게 오는 사람을 다 영접하고 하나님의 나라를 전파하며 주 예수 그리스도에 관한 모든 것을 담대하게 거침없이 가르치더라(행 28:30-31).

Ⅳ. 특징

1. 사도행전은 성령의 행전이다. 초대교회의 성장과 발전, 엄청난 역동성이 성령의 강한 역사와 임재로 말미암아 이루어지게 된다.

2. 사도행전은 역사서로 외적 사건의 기록임에도 불구하고, 성령의

각종 기적과 이사로 가득차 있다. 사도행전에서부터 성령의 시대로 삼위일체 하나님으로서 성령 하나님의 주도적 역할이 강조되고 있다.

3. 사도행전의 갑작스런 중단을 통해 무한한 힘이 그후에 전개된 교회사의 사건에 실어지게 된다. 사도행전은 끝나지 않은 교회의 역사로 오늘날까지 생생하게 이어지고 있다.

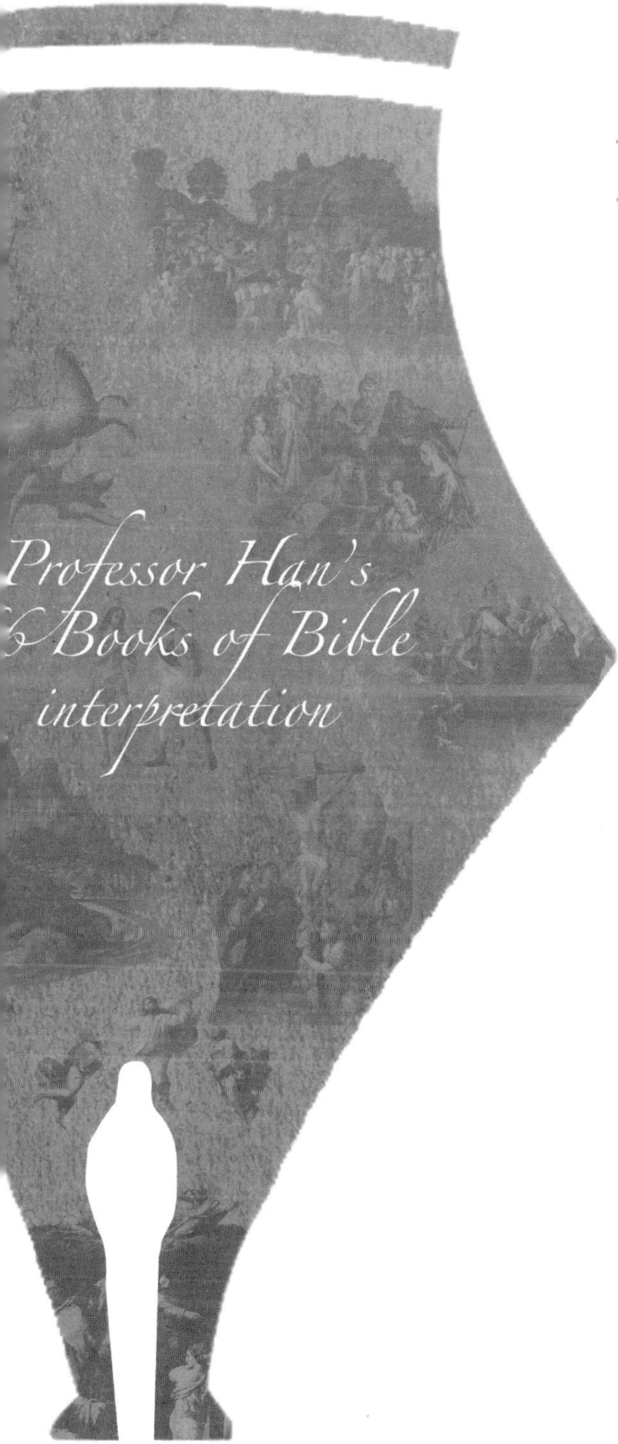

Part 3.

바울서신

로마서

고린도전 · 후서

갈라디아서

에베소서

빌립보서

골로새서

데살로니가전 · 후서

디모데전 · 후서

디도서

빌레몬서

로마서

그러므로 이제 그리스도 예수 안에 있는 자에게는 결코 정죄함이 없나니 이는 그리스도 예수 안에 있는 생명의 성령의 법이 죄와 사망의 법에서 너를 해방하였음이라 율법이 육신으로 말미암아 연약하여 할 수 없는 그것을 하나님은 하시나니 곧 죄로 말미암아 자기 아들을 죄 있는 육신의 모양으로 보내어 육신에 죄를 정하사 육신을 따르지 않고 그 영을 따라 행하는 우리에게 율법의 요구가 이루어지게 하려 하심이니라 육신을 따르는 자는 육신의 일을, 영을 따르는 자는 영의 일을 생각하나니 육신의 생각은 사망이요 영의 생각은 생명과 평안이니라 육신의 생각은 하나님과 원수가 되나니 이는 하나님의 법에 굴복하지 아니할 뿐 아니라 할 수도 없음이라 육신에 있는 자들은 하나님을 기쁘시게 할 수 없느니라(롬 8:1-8).

I. 들어가는 말

신약 27권 중 13개 또는 14개(히브리서 포함)의 편지를 바울이 쓴 것으로 보고 바울서신(the Pauline Epistles)이라고 한다. 편지

(letter)는 사적이고 구체적이며 비공개적인데 반하여, 서신은 인위적 문학적 형태로 비구체적, 공개적인 차이가 있다.

로마서는 로마 방문에 앞서 복음의 본질을 설명한다. 의롭다 함을 얻는 길은 율법이 아니라 오직 믿음에 있다(롬 1:17; 3:28). 믿음의 새 삶은 하나님의 진노(롬 5장)와 죄(롬 6장), 율법(롬 7장), 죽음(롬 8장)으로부터 자유로운 생활이다.

Ⅱ. 배경

1. 로마 교회

로마 교회는 오순절의 체험을 나눈 사람들(행 2:10)에 의해 시작된 것 같으며, 크지 않은 규모로 여겨진다. 그들이 기독교의 진리에 대해 무지한 상태인 것으로 볼 때 신자들이 주로 이방인들로 구성되었을 것이다. 베드로가 로마 교회의 설립에 연관된 단서가 신약 어디에서도 찾아볼 수 없다.

2. 저자

전통적으로 로마서는 바울이 제3차 선교여행 중인 고린도나 빌립보에서 드로아로 가기 전에 쓴 것이다(행 20:1-6). 그가 일루리곤까지 복음을 전했고, 예루살렘으로 가는 중이라고 기록했기 때문이다(롬 15:19,25).

3. 기록 목적

로마서는 바울이 직접적으로 교제를 나누는 것을 대신한 것이로 당시 제국의 수도인 로마를 선교 중심지로 세우려는 준비단계의 차원에서 기록되었다. 그러므로 기독교 진리에 대한 가르침을 비교적 빠짐없이 서술하였다. 비록 종말론적 요소가 두드러지게 결핍되어 있지만, 에베소서를 제외하고는 다른 바울서신보다 기독론적 내용이 더 풍부하고 조직적으로 제시되어 있다.

Ⅲ. 내용 개요

1. 하나님의 의의 나타남(롬 1:1-8:39)

1) 로마서의 중심주제는 인간에게 주어진 하나님의 의의 나타남과 그것의 인간의 영적인 면에의 적용이라고 할 수 있다.

2) 하나님과 인간 사이를 가로막고 있는 죄악의 문제를 해결하는 길이 열렸으니, 이것이 곧 믿음으로 의롭게 되는 복음이다.

> 내가 복음을 부끄러워하지 아니하노니 이 복음은 모든 믿는 자에게 구원을 주시는 하나님의 능력이 됨이라 먼저는 유대인에게요 그리고 헬라인에게로다 복음에는 하나님의 의가 나타나서 믿음으로 믿음에 이르게 하나니 기록된 바 오직 의인은 믿음으로 말미암아 살리라 함과 같으니라(롬 1:16-17).

3) 모든 인간이 죄 아래 있으므로(롬 3:10) 하나님의 영광에 이를 수 없었으나 예수의 피로 말미암아 죄 사함을 받게 하는 하나님의 의가 나타난 것이다(롬 3:25). 이러므로 불의한 가운데 믿음으로(롬 4:5), 은혜로(롬 5장) 구원받은 그리스도인들은 죄에서 벗어나 의롭게 살아가야 할 것이다.

> 또한 너희 지체를 불의의 무기로 죄에게 내주지 말고 오직 너희 자신을 죽은 자 가운데서 다시 살아난 자 같이 하나님께 드리며 너희 지체를 의의 무기로

하나님께 드리라(롬 6:13).

4) 그러나 죄악의 유혹으로 탄식하지 않을 수 없게 된다.

오호라 나는 곤고한 사람이로다 이 사망의 몸에서 누가 나를 건져내랴(롬 7:24).

5) 그러나 성령을 좇아 살아감으로써(롬 8:4,14) 어떠한 난관도 극복하고 하나님의 사랑에 거하게 된다. 아무리 고난이 심해도 믿음의 줄을 놓지 말아야 한다.

내가 확신하노니 사망이나 생명이나 천사들이나 권세자들이나 현재 일이나 장래 일이나 능력이나 높음이나 깊음이나 다른 어떤 피조물이라도 우리를 우리 주 그리스도 예수 안에 있는 하나님의 사랑에서 끊을 수 없으리라(롬 8:38-39).

2. 이스라엘에게 나타난 의(롬 9:1-11:36)

1) 일찍이 아브라함을 통하여 언약의 백성이 된 유대인들은 하나님의 의를 이루는 길인 믿음을 좇지 않고 행위를 의지함으로 실족하였다(롬 9:30-32).

2) 그리스도는 율법의 마침이 되셨다.

그리스도는 모든 믿는 자에게 의를 이루기 위하여 율법의 마침이 되시니(롬 10:4).

3) 이제는 오직 믿음의 구원이다.

사람이 마음으로 믿어 의에 이르고 입으로 시인하여 구원에 이르느니라(롬 10:10).

4) 나무에서 꺾인 가지인 이스라엘이 다시 접붙임을 받는다.

하나님은 가지치기와 접붙이기를 통해 풍성한 열매를 맺게 하신다.

네가 원 돌감람나무에서 찍힘을 받고 본성을 거슬러 좋은 감람나무에 접붙임을 받았으니 원 가지인 이 사람들이야 얼마나 더 자기 감람나무에 접붙이심을 받으랴(롬 11:24).

3. 삶 가운데 의의 적용(롬 12:1-15:33)

1) 은혜받은 성도의 헌신

그러므로 형제들아 내가 하나님의 모든 자비하심으로 너희를 권하노니 너희 몸을 하나님이 기뻐하시는 거룩한 산 제물로 드리라 이는 너희가 드릴 영적 예배니라(롬 12:1).

2) 패역한 세상에서 믿음의 분수대로 살고, 세상 권세자에게 복종하며 산다.

각 사람은 위에 있는 권세들에게 복종하라 권세는 하나님으로부터 나지 않음이 없나니 모든 권세는 다 하나님께서 정하신 바라 그러므로 권세를 거스르는 자는 하나님의 명을 거스름이니 거스르는 자들은 심판을 자취하리라(롬 13:1-2).

3) 교회 안에서 믿음의 다양한 방식 가운데 서로 용납하고 이해하고 사랑하며 살아야 한다(롬 14장). 믿음이 강한 자는 연약한 자를 받아주고 약한 자는 강한 자를 비판하지 않으면서 서로 한 마음 한 뜻이 되어야 할 것이다.

이제 인내와 위로의 하나님이 너희로 그리스도 예수를 본받아 서로 뜻이 같게 하여 주사 한마음과 한 입으로 하나님 곧 우리 주 예수 그리스도의 아버지께 영광을 돌리게 하려 하노라 그러므로 그리스도께서 우리를 받아 하나님께 영광을 돌리심과 같이 너희도 서로 받으라(롬 15:5-7).

4) 결론 부분에서 바울은 그리스도의 이름을 부르지 않는 곳에 복음을 전할 빚이 있음을 말한다(롬 15:14-33).

4. 덧붙이는 말(롬 16:1-27)

로마에 있는 성도들을 문안하면서 축도로 끝을 맺고 있다.

Ⅳ. 특징

1. 로마서는 기독교 신학의 핵심을 담고 있다.

칭의, 전가, 양자, 성화와 같은 신학적 용어의 보고(寶庫)이다. 죄로 인해 하나님과 떨어진 인간은 하늘로부터 주어지는 의에 의해 구원을 받을 수밖에 없다. 그 의가 예수 그리스도의 은혜로 주어졌다.

2. 은혜 안에 거하는 자의 책임을 강조한다.

그런즉 어찌하리요 우리가 법 아래에 있지 아니하고 은혜 아래에 있으니 죄를 지으리요 그럴 수 없느니라(롬 6:15).

3. 인류 구원의 하나님의 섭리가 분명하게 나타난다.

아브라함을 선택하여 언약을 맺으신 하나님의 신실함은 여전히 유효하지만, 이방인을 구원하시는 것도 그의 거룩하신 섭리에 의한 것이다. 하나님의 때가 되면 유대인들도 구원받고 그들의 유업에 들어갈 것이다.

4. 구원받은 사람의 책임을 강조한다.

1) 믿음으로 은혜로 구원을 받은 후에는 의롭게 살아야 한다. 생활 속에서 선행의 열매를 맺는 것이 구원의 증거이다.

2) 복음을 전파할 의무가 있는 그리스도인

또 내가 그리스도의 이름을 부르는 곳에는 복음을 전하지 않기를 힘썼노니 이는 남의 터 위에 건축하지 아니하려 함이라 기록된 바 주의 소식을 받지 못한 자들이 볼 것이요 듣지 못한 자들이 깨달으리라 함과 같으니라(롬 15:20-21).

고린도전서

형제들아 내가 신령한 자들을 대함과 같이 너희에게 말할 수 없어서 육신에 속한 자 곧 그리스도 안에서 어린 아이들을 대함과 같이 하노라 내가 너희를 젖으로 먹이고 밥으로 아니하였노니 이는 너희가 감당하지 못하였음이거니와 지금도 못하리라 너희는 아직도 육신에 속한 자로다 너희 가운데 시기와 분쟁이 있으니 어찌 육신에 속하여 사람을 따라 행함이 아니리요 어떤 이는 말하되 나는 바울에게라 하고 다른 이는 나는 아볼로에게라 하니 너희가 육의 사람이 아니리요 그런즉 아볼로는 무엇이며 바울은 무엇이냐 그들은 주께서 각각 주신 대로 너희로 하여금 믿게 한 사역자들이니라 나는 심었고 아볼로는 물을 주었으되 오직 하나님께서 자라나게 하셨나니 그런즉 심는 이나 물 주는 이는 아무 것도 아니로되 오직 자라게 하시는 이는 하나님뿐이니라 심는 이와 물 주는 이는 한가지이나 각각 자기가 일한 대로 자기의 상을 받으리라 우리는 하나님의 동역자들이요 너희는 하나님의 밭이요 하나님의 집이니라(고전 3:1-9).

Ⅰ. 들어가는 말

고린도는 항구도시로 물자가 풍부했고 사치와 향락이 만연한 도시였다. 지방의 행정과 상업의 중심지로 로마에서 추방된 유대인들이 다수 거주하고 있었다.

바울은 오늘날 잃어버린 편지를 통하여 고린도에 있는 교인들에게 죄 가운데 있는 위선적인 그리스도인을 떠나라고 하였다(고전 5:9). 그 편지가 큰 해결책을 주지는 않았던 것 같지만 얼마 후 고린도 교인들은 혼란스럽게 생각하는 문제들을 바울에게 알려왔고, 그 회답으로 쓴 편지가 고린도전서이다.

고린도전서는 아마도 바울이 에베소 사역의 마지막 시기(55년 겨울경)에 썼을 것이다(고전 16:5-7).

Ⅱ. 배경

1. 교회의 상황

사도 바울이 설립한 고린도교회의 교인들은 대부분이 이방인들로 구성되어 세상과 교회의 가르침을 잘 조화시키지 못하였다. 그들에게 다수의 지도자들이 있었는데, 구약성경에 능통했던 아볼로가 여러모로 유익하게 사역을 하였고, 베드로도 여러번 방문하였을 것이다.

그런 다양한 지도자들을 가진 고린도교회의 부작용으로 각 사람들이 추종하는 지도자를 중심으로 교회의 분파가 형성되고, 여러 가지 문제들이 발생하였다.

2. 저자

바울은 교회의 분파와 다양한 문제에 대한 해결책을 제시하기 위해서 본서를 기록하였다. 바울은 먼저 교회는 사람이 중심이 아니라 십자가에 못박힌 예수 그리스도가 중심임을 강조한다. 사람이 중심이 되면 분파가 만들어지지만, 예수님이 중심이 되면 모두가 하나가 되는 것이다. 이어서 그는 교회의 재정문제와 음행문제, 우상제물, 은사문제, 부활문제 등에 대해서 상세하게 가르치고 있다.

Ⅲ. 내용 개요

1. 인사(고전 1:1-9)

모든 구변과 지식과 은사에 풍족한 고린도교인들이라는 칭찬으로 안부를 묻는다.

2. 글로에 집에서 온 보고에 대한 답변(고전 1:10-6:20)

1) 분파 문제: 바울은 자신과 아볼로와 게바와 그리스도의 4파로 나눠진 상태를 책망한다.

내가 이것을 말하거니와 너희가 각각 이르되 나는 바울에게, 나는 아볼로에게, 나는 게바에게, 나는 그리스도에게 속한 자라 한다는 것이니 그리스도께서 어찌 나뉘었느냐 바울이 너희를 위하여 십자가에 못 박혔으며 바울의 이름으로 너희가 침례를 받았느냐(고전 1:12-13).

2) 분열을 없애는 최선책은 영적으로 성장하는 것과 서로 하나님께 쓰임 받는 다양한 도구임을 인정해주는데 있다고 피력한다.

나는 심었고 아볼로는 물을 주었으되 오직 하나님께서 자라나게 하셨나니 그런즉 심는 이나 물 주는 이는 아무 것도 아니로되 오직 자라게 하시는 이는 하나님뿐이니라(고전 3:6-7).

3) 바울은 잠시 자신의 사역에 대해 변명을 한 후, 그들이 교회 내의 음행의 문제조차 해결치 못하면서 교만한 것을 꾸짖는다. 신앙의 권위는 바리새인처럼 무성한 말에 있지 않고, 새 삶을 살아가는 능력과 사랑의 능력에 있다.

주께서 허락하시면 내가 너희에게 속히 나아가서 교만한 자들의 말이 아니라 오직 그 능력을 알아보겠으니 하나님의 나라는 말에 있지 아니하고 오직 능력에 있음이라(고전 4:19-20).

4) 소송문제에 대해서는 세상 법정에서가 아니라 기독교인 공동체 안에서 해결할 것을 권면하고(고전 6:1-11), 결코 방종한 생활을 하지 말라고 경고한다.

3. 질문들에 대한 답변(고전 7:1-16:9)

1) 결혼문제에 대해서

사도바울은 은사가 있으면 독신으로 있는 것이 좋지만 그렇지 못하면 합법적으로 결혼해야 한다고 권면한다. 독신으로 살아갈 것을 권면하는 것은 온전히 열심히 그리스도께 자신을 드리라는 뜻이지, 결코 결혼을 영적으로 낮은 상태니 독신이 더 헌신한 것처럼 여기게 하려는 뜻이 아니다.

교회사적으로 보면 결혼하지 않는 주의 종을 더 신령하게 여김으로 폐단이 생겼다.

그러므로 결혼하는 자도 잘하거니와 결혼하지 아니하는 자는 더 잘하는 것이니라(고전 7:38).

2) 우상의 제물에 대해서

당시 신전에서 잡은 고기를 시장에서 판매였으므로 이를 우상의 제물로 여겼다.

우상은 본래 아무것도 아니므로 그 제물도 무의미한 것이지만(고전 8:4), 자신의 마음대로 자유롭게 행하기보다는 복음을 위해서 행하는 것이 바람직하다(고전 9:23). 그러므로 강한 자도 교만하지 말 것이며(고전 10:12), 약한 자도 담대함을 가져서, 모든 사람이 먹든지 마시든지 무엇을 하든지 다 하나님의 영광을 위해 살 것이다(고전 10:31).

그러나 이 지식은 모든 사람에게 있는 것은 아니므로 어떤 이들은 지금까지 우상에 대한 습관이 있어 우상의 제물로 알고 먹는 고로 그들의 양심이 약하여지고 더러워지느니라(고전 8:7).

그런즉 너희가 먹든지 마시든지 무엇을 하든지 다 하나님의 영광을 위하여 하라 유대인에게나 헬라인에게나 하나님의 교회에나 거치는 자가 되지 말고 나와 같이 모든 일에 모든 사람을 기쁘게 하여 자신의 유익을 구하지 아니하고 많은 사람의 유익을 구하여 그들로 구원을 받게 하라(고전 10:31-33).

3) 여자가 머리에 수건을 쓰는 것에 대해서

여자는 구원에 있어서 남자와 동등하지만 교회 질서에 있어서 남자에게 순종해야 한다. 할례가 폐해졌듯이 수건을 쓰는 것도 시대의 변천으로 사라지게 되었다.

그러므로 여자는 천사들로 말미암아 권세 아래에 있는 표를 그 머리 위에 둘지니라(고전 11:10).

4) 주의 성찬 문제에 대해서

초창기 교회에서는 성찬이 애찬과 연관되어 먼저 먹고 과도하게 마시기도 하는 부작용이 있었지만, 성찬은 하나님의 영광을 나타내는데 초점을 맞추어야 한다.

사람이 자기를 살피고 그 후에야 이 떡을 먹고 이 잔을 마실지니 주의 몸을 분별하지 못하고 먹고 마시는 자는 자기의 죄를 먹고 마시는 것이니라 그러므로 너희 중에 약한 자와 병든 자가 많고 잠자는 자도 적지 아니하니(고전 11:28-30).

5) 영적 은사들에 대해서

바울은 교회 안에 여러 은사가 있으나 모두가 한 몸의 지체에 속한 것임을 강조하고(고전 12:12), 특별히 사랑(고전 13장)과 예언(고전 14:1)을 부각시킴으로써 공동체의 유익을 도모하는데 관심을 기울이고 있다.

몸은 하나인데 많은 지체가 있고 몸의 지체가 많으나 한 몸임과 같이 그리스도도 그러하니라(고전 12:12).

6) 부활에 대해서

바울은 단호하게 부활이 없다면 우리의 믿음은 헛것이 되고 여전히 죄 가운데 있을 것이라고 말한다(고전 15:17). 만일 우리의 소망이 금생뿐이면 영생을 위해 헌신하고 수고하는 그리스도인의 삶은 비참하게 된다(고전 15:19). 그러나 그리스도께서는 부활하셨고, 우리도 부활의 몸을 덧입고 영생을 누리게 될 것이다(고전 15:42-44).

4. 맺는말(고전 16:10-24)

성도의 연보에 대해서 잠시 언급한 바울은 곧바로 서신을 갖고 가는 디모데를 대접해 줄 것과 각 교인들에게 문안함으로 글을 마감한다.

Ⅳ. 특징

1. 개척교회의 실제적인 문제들을 통찰력 있게 설명하고 있다.

2. 각 문제들에 대하여 심리학적 방법보다는 영적인 원리로 해결해 준다.

3. 고린도교회의 지역적 문제(죽은 자를 위한 침례 등)들에 대한 언급은 그것을 인정한다는 뜻이 아니라 다른 가르침을 이해시키기 위한 것이다.

4. 고린도전서를 가지고 간 디모데는 고린도교회에서 환영받지 못했고 실패한 것 같다(고전 16:10-11).

고린도후서

그러므로 우리가 낙심하지 아니하노니 우리의 겉사람은 낡아지나 우리의 속사람은 날로 새로워지도다 우리가 잠시 받는 환난의 경한 것이 지극히 크고 영원한 영광의 중한 것을 우리에게 이루게 함이니 우리가 주목하는 것은 보이는 것이 아니요 보이지 않는 것이니 보이는 것은 잠깐이요 보이지 않는 것은 영원함이라(고후 4:16-18).

Ⅰ. 들어가는 말

고린도후서에서는 고린도전서와는 달리 교리나 교회질서 문제보다 개인적인 문제를 다루고 있다. 격정으로 뒤얽힌 사도를 만나게 되는 시선(고후 3:1; 8:20; 10:2,10)으로 개인적 감정 표현이 많고 비조직적이다. 그러나 죽음을 넘어선 신앙고백이 나타나고(고후 5:8), 헌금의 중요성이 강조된다(고후 8,9장).

Ⅱ. 배경

1. 기록

첫 번째 편지 이후에도 고린도교회의 사정이 호전되지 않아서 바울은 디도를 보내고, 방문할 기회를 기다렸다. 이때쯤 바울이 현재는 그 정체를 잘 알 수 없는(혹자는 고후 10-13장이라고 함) 눈물의 편지를 쓴 것으로 여겨진다(고후 2:4).

바울이 마케도니아에서 고통 가운데 있을 때(고후 7:5), 디도가 고린도교회에 대해 좋은 소식을 가져왔고, 바울은 안도와 기쁨 가운데 고린도후서를 기록하였다.

2. 저자

고린도후서는 다른 어떤 서신에서도 찾아볼 수 없는 바울의 생애의 단면을 보여주고 있다. 그는 복음을 전할 때마다 그를 대적하는 자들의 비방과 참소에 대해 변호하려는 목적으로 고린도후서를 썼다. 그는 전통적 이교주의의 죄악뿐 아니라 자칭 그리스도인이라고 하는 지도자들의 시기와 편견에도 직면해야 했다.

Ⅲ. 내용 개요

1. 방문변경에 대한 변명(고후 1:1-2:13)

사도 바울을 반대하던 자들은 여러 가지로 그를 공격했는데 그 가운데 하나는 그가 신의 없는 자로서 고린도 방문을 임의로 취소했다는 것이었다.

너희를 지나 마게도냐로 갔다가 다시 마게도냐에서 너희에게 가서 너희의 도움으로 유대로 가기를 계획하였으니 이렇게 계획할 때에 어찌 경솔히 하였으리요 혹 계획하기를 육체를 따라 계획하여 예 예 하면서 아니라 아니라 하는 일이 내게 있겠느냐(고후 1:16-17).

2. 사역에 대한 변호(고후 2:14-7:16)

1) 사도의 인정문제

사도 바울은 무자격자로 추천서도 없다는 데에 대한 변명으로 참 신약의 직분은 의문(儀文)에 의한 것이 아니라 영(靈)으로 하는 것임을 밝힌다(고후 3:6). 이처럼 외적인 증거에 착념하는 것은 수건을 쓴 것과 같은즉 그리스도 안에서 수건을 벗어야 할 것이다.

그가 또한 우리를 새 언약의 일꾼 되기에 만족하게 하셨으니 율법 조문으로 하지 아니하고 오직 영으로 함이니 율법 조문은 죽이는 것이요 영은 살리는 것이니라(고후 3:6).

2) 질그릇과 보배

겉보기에 초라한 질그릇에 보배가 담겨 있는 것과 마찬가지로 능력의 심히 큰 것이 하나님께 있음을 깨달아야 한다.

우리가 이 보배를 질그릇에 가졌으니 이는 심히 큰 능력은 하나님께 있고 우리에게 있지 아니함을 알게 하려 함이라(고후 4:7).

3) 사역의 명암

우리의 겉 사람은 낡아질지라도 우리의 속은 날로 새롭고(고후 4:16), 언젠가 영원한 집으로 덧입히게 될 것이다(고후 5:4). 그런즉 사람을 외모로 취하지 말아야 하며, 믿음 안에서 새로운 피조물로 대해야 한다.

그런즉 누구든지 그리스도 안에 있으면 새로운 피조물이라 이전 것은 지나갔으니 보라 새 것이 되었도다(고후 5:17).

4) 바울의 진실

바울은 오직 하나님의 일꾼으로 살아온 것과 외적인 모습과는 다른 내적 진실을 파악해야 한다고 말한다(고후 6:4-10). 이런 취지에서 넓은 마음으로 자신을 받아들일 것을 호소한 바울은(고후 6:13), 디도의 소식을 통하여 고린도교인들이 회개하였음을 듣고 기뻐한다.

내가 지금 기뻐함은 너희로 근심하게 한 까닭이 아니요 도리어 너희가 근심함으로 회개함에 이른 까닭이라 너희가 하나님의 뜻대로 근심하게 된 것은 우리에게서 아무 해도 받지 않게 하려 함이라 하나님의 뜻대로 하는 근심은 후회할 것이 없는 구원에 이르게 하는 회개를 이루는 것이요 세상 근심은 사망을 이루는 것이니라(고후 7:9-10).

3. 연보에 대한 권면(고후 8:1-9:15)

1) 가난에서 부요로 대속함을 받은 그리스도인

우리 주 예수 그리스도의 은혜를 너희가 알거니와 부요하신 이로서 너희를 위하여 가난하게 되심은 그의 가난함으로 말미암아 너희를 부요하게 하려 하심이라(고후 8:9).

2) 연보의 자세

인색함이나 억지가 아닌 기쁨으로 가난한 자들을 위한 연보에 동참해야 할 것이다. 목발을 드린 소녀처럼 순수하고 진실해야 한다.

각각 그 마음에 정한 대로 할 것이요 인색함으로나 억지로 하지 말지니 하나님은 즐겨 내는 자를 사랑하시느니라(고후 9:7).

4. 개인적인 변명(고후 10:1-12:21)

1) 바울에 대한 비방

바울을 육체대로 행하는 자(고후 10:2), 유약한 겁쟁이(고후 10:10), 자랑하는 자(고후 10:8,15), 사도의 자격이 없는 자(고후 11:5), 궤계로 재물을 취하는 자(고후 12:16)로 비방하였다.

2) 바울의 참모습

바울은 육체대로 싸우는 자가 아니며(고후 10:3-4), 항상 동일한 마음을 가진 자이고(고후 10:11), 분수껏 자랑하고(고후 10:13), 삼층천의 체험조차도 자신의 연약함과 하나님의 은혜를 위해 자랑할 뿐이다(고후 12:1-10).

우리가 육신으로 행하나 육신에 따라 싸우지 아니하노니 우리의 싸우는 무기는 육신에 속한 것이 아니요 오직 어떤 견고한 진도 무너뜨리는 하나님의 능력이라 모든 이론을 무너뜨리며(고후 10:3-4).

3) 사도의 표시

사도의 표시는 그리스도를 위해 받은 핍박과 능력으로 입증할 수 있으며(고후 11:22-29; 12:12), 자신이나 그의 제자가 모두 청렴하나(고후 12:18)고 그들을 위해 변명 아닌 변명을 하였다(고후 12:19).

사도의 표가 된 것은 내가 너희 가운데서 모든 참음과 표적과 기사와 능력을 행한 것이라(고후 12:12).

5. 방문의사 표명과 결론적 인사(고후 13:1-13)

바울은 세 번째 방문 때에는 모든 것을 바로 잡을 터인즉 그들도 스스로 살펴, 징계받지 않도록 준비할 것을 권면한 후 인사로 마무리 짓는다.

> 너희는 믿음 안에 있는가 너희 자신을 시험하고 너희 자신을 확증하라 예수 그리스도께서 너희 안에 계신 줄을 너희가 스스로 알지 못하느냐 그렇지 않으면 너희는 버림 받은 자니라(고후 13:5).

Ⅳ. 특징

1. 고린도교회에는 다른 교회의 추천을 받고 들어온 자칭 그리스도의 일꾼(고후 11:23)들이 분파를 조성하고 바울을 비난하였는데, 요컨대 그들은 거짓 형제였다.

2. 오직 하나님의 능력만이 고린도교회 안에 있던 약하고 음란한 집단 속에서 자신의 믿음과 생명을 지속시킬 수 있었다.

3. 혼란한 교회 가운데 사역의 승리, 죽음을 넘어선 소망의 고백(고후 5장), 값진 연보 등 긍정적인 가르침은 신약에서 가장 귀중한 것들이다.

갈라디아서

또 하나님 앞에서 아무도 율법으로 말미암아 의롭게 되지 못할 것이 분명하니 이는 의인은 믿음으로 살리라 하였음이라 율법은 믿음에서 난 것이 아니니 율법을 행하는 자는 그 가운데서 살리라 하였느니라 그리스도께서 우리를 위하여 저주를 받은 바 되사 율법의 저주에서 우리를 속량하셨으니 기록된 바 나무에 달린 자마다 저주 아래에 있는 자라 하였음이라 이는 그리스도 예수 안에서 아브라함의 복이 이방인에게 미치게 하고 또 우리로 하여금 믿음으로 말미암아 성령의 약속을 받게 하려 함이라(갈 3:11-14).

Ⅰ. 들어가는 말

유대인으로 그리스도인이 된 사람들은 당연히 할례를 받았고, 웬만한 율법은 모두 지키는 생활을 하였다. 그러나 이방인으로 예수 그리스도를 영접한 사람들은 율법에 전혀 무지하였다. 그들과 유대인 그리스도인은 서로 어울리기가 어려운 상황이었다.

유대인 그리스도인은 인내심으로 양보할지라도 이방인들을 어느 정도까지는 율법에 어긋나지 않는 생활로 끌어올릴 필요도 있었다. 그러나 그것이 지나쳐 율법대로 할례를 받지 않으면 구원받지 못한다는 주장이 등장하기도 하였다. 그런 갈등 속에서 이방인 사도 바울은 율법을 어느 정도 지켜야 구원받는다는 것을 부정하고, 오직 믿음에 의해 의롭다 함을 얻는 구원의 길을 담대하게 선언하였다.

Ⅱ. 배경

1. 기록 시기

갈라디아는 소아시아 중남부와 북부에 넓게 걸쳐 있던 지역으로, 바울이 첫 번째 선교여행 중 교회를 조직하였다(행 14:21-23). 이 서신은 이방인으로서 개종한 그리스도인들이 율법주의적 그리스도인들의 율법 준수와 할례의 강요로 인해 혼란을 겪을 때(행 15:1), 아마도 48-49년경 안디옥에서 기록된 것으로 여겨진다.

2. 수신 장소

바울이 수신처로 지적한 갈라디아의 여러 교회가 보다 구체적으로 1차 선교여행 중 다닌 비시디아 안디옥, 이고니온, 더베 등의 교회인지(남 갈라디아설), 2차와 3차 선교여행으로 다닌 중북부 갈라디아 지역인 앙카라, 페시누스, 다비움 같은 곳에 있던 교회인지 확실하게 분별할 수 없다.

그러나 갈라디아서의 내용을 볼 때 예루살렘 공의회가 열리기 전에 쓴 것이 더 합리적이라고 여겨지기 때문에 1차 선교여행에서 다닌 교회를 중심으로 기록한 것으로 본다.

3. 기록 목적

갈라디아서는 그리스도인의 자유에 대한 글이다. 율법을 지키는 것에 대하여 야기되는 문제들에 대해서 기록한 서신들이 야고보서와 갈라디아서이다.

야고보서가 유대인의 입장에서 복음의 자유가 윤리적 나태로 빠지지 않도록 하기 위해 행함이 있는 믿음을 강조하였다면, 갈라디아서는 유대인이건 이방인이건 간에 윤리적 의무감으로 인해 참 자유를 누릴 수 없는 상황을 직시하고, 그리스도께서 율법의 저주에서 그리스도인들을 속량하셨음을 선포한다. 갈라디아서는 영적 해방의 대헌장이다(갈 3:13-14).

Ⅲ. 내용 개요

1. 복음과 사도권의 변호(갈 1-2장)

1) 믿음의 복음을 전하는 바울의 사도권은 하나님께로 말미암은 것이며(갈 1:1), 따라서 그가 전한 복음 외에 다른 복음은 없다.

> 그러나 우리나 혹은 하늘로부터 온 천사라도 우리가 너희에게 전한 복음 외에 다른 복음을 전하면 저주를 받을지어다 우리가 전에 말하였거니와 내가 지금 다시 말하노니 만일 누구든지 너희가 받은 것 외에 다른 복음을 전하면 저주를 받을지어다(갈 1:8-9).

2) 자유의 복음

이방인이 그리스도인이 되는 것은 할례에 의한 것이 아니고(갈

2:3), 유대인화 시키는 것도 아니다(갈 2:14).

2. 믿음으로 의롭게 됨

1) 율법주의의 실패(갈 3-4장)

의롭다 함을 얻는 것이 믿음이며(갈 3:5-6), 율법으로는 의로움을 얻을 수 없다. 그리스도께서 율법의 저주에서 우리를 속량하시고 의롭게 하셨다(갈 3:13). 그러므로 믿음이 오기 전에 주어진 몽학선생인 율법에 매달려 살지 말아야 한다.

이같이 율법이 우리를 그리스도께로 인도하는 초등교사가 되어 우리로 하여금 믿음으로 말미암아 의롭다 함을 얻게 하려 함이라 믿음이 온 후로는 우리가 초등교사 아래에 있지 아니하도다(갈 3:24-25).

2) 절기와 의식에서 벗어남

그리스도인은 날과 달과 절기를 헛되이 지키지 말아야 한다(갈 4:10). 즉 안식일과 금식일 등의 날이나, 월삭과 추수의 1월과 꽃피는 2월 등의 달, 무교절과 오순절과 장막절, 나팔절 등의 절기를 지키는 것으로 믿음을 대신하지 말아야 한다. 오직 그리스도로 옷 입고 다시는 종의 멍에를 메지 말아야 한다(갈 5:1).

3. 자유 안에서의 삶의 자세(갈 5:1-6:10)

1) 개인적 실천

예수 그리스도의 복음으로 자유를 얻은 자는 육체대로 살지 말고(갈 5:13), 성령을 좇아 행하므로 육체의 욕심을 제어해야 하며(갈 5:16), 그럴 때 성령의 열매를 맺는 삶을 살게 된다.

오직 성령의 열매는 사랑과 희락과 화평과 오래 참음과 자비와 양선과 충성과 온유와 절제니 이같은 것을 금지할 법이 없느니라(갈 5:22-23).

2) 사회적 실천

서로 붙잡아주고 짐을 나누어지며, 진실된 삶을 살아가야 한다. 사람은 심은 대로 그 열매를 먹게 된다. 그러므로 특히 믿음의 가정에 선을 행하며 살아야 한다.

우리가 선을 행하되 낙심하지 말지니 포기하지 아니하면 때가 이르매 거두리라 그러므로 우리는 기회 있는 대로 모든 이에게 착한 일을 하되 더욱 믿음의 가정들에게 할지니라(갈 6:9-10).

4. 맺는말(갈 6:11-18)

1) 할례와 십자가

할례자들은 육체, 즉 육체적 경건과 봉사를 자랑한다. 그러나 그리스도인은 십자가에서 육체가 죽고 영으로 살아가는 것 외에 결코 자랑할 것이 없다.

그러나 내게는 우리 주 예수 그리스도의 십자가 외에 결코 자랑할 것이 없으니 그리스도로 말미암아 세상이 나를 대하여 십자가에 못 박히고 내가 또한 세상을 대하여 그러하니라(갈 6:14).

2) 바울의 흔적

바울에게 있는 흔적은 할례의 흔적이 아니라 예수 그리스도의 복음을 전파하면서 받은 고난의 흔적이다. 그것이 사신의 긍지요 자랑임을 담대하게 선언한다.

유대인들에게 사십에서 하나 감한 매를 다섯 번 맞았으며 세 번 태장으로 맞고 한 번 돌로 맞고 세 번 파선하고 일 주야를 깊은 바다에서 지냈으며(고후 11:24-25).

Ⅳ. 특징

1. 이방 가운데 전파되는 복음의 골수, 이신득의를 집약하고 있다(갈 2:2).

2. 예수 그리스도로 인해 의롭게 되는 것은 의식적 법률적 허식이 아니라 그리스도와 연합하여 하나가 되는 것이다. 호적에만 있는 것이 아닌 진실한 결합이다.

내가 그리스도와 함께 십자가에 못 박혔나니 그런즉 이제는 내가 사는 것이 아니요 오직 내 안에 그리스도께서 사시는 것이라 이제 내가 육체 가운데 사는 것은 나를 사랑하사 나를 위하여 자기 자신을 버리신 하나님의 아들을 믿는 믿음 안에서 사는 것이라(갈 2:20).

3. 갈라디아서는 결론적으로 복음의 자유가 윤리를 낳는다고 말한다. 이로써 기독교 윤리와 행함을 강조하는 야고보서와 믿음을 강조하는 갈라디아서가 서로 조화를 이룬다.

형제들아 너희가 자유를 위하여 부르심을 입었으나 그러나 그 자유로 육체의 기회를 삼지 말고 오직 사랑으로 서로 종 노릇 하라(갈 5:13).

에베소서

그러므로 주 안에서 갇힌 내가 너희를 권하노니 너희가 부르심을 받은 일에 합당하게 행하여 모든 겸손과 온유로 하고 오래 참음으로 사랑 가운데서 서로 용납하고 평안의 매는 줄로 성령이 하나 되게 하신 것을 힘써 지키라 몸이 하나요 성령도 한 분이시니 이와 같이 너희가 부르심의 한 소망 안에서 부르심을 받았느니라 주도 한 분이시요 믿음도 하나요 침례도 하나요 하나님도 한 분이시니 곧 만유의 아버지시라 만유 위에 계시고 만유를 통일하시고 만유 가운데 계시도다(엡 4:1-6).

Ⅰ. 들어가는 말

사도 바울이 예루살렘에서 유대인들에게 사로잡힌 후 가이사랴나 로마의 감옥에서 편지를 써보냈다. 주후 56(57)년에서 60(61)년 사이에 바울이 기록한 네 개의 서신인 에베소서, 빌립보서와 골로새서, 빌레몬서을 옥중서신이라고 한다.

이 서신들은 모두 바울의 구속을 언급하고 있다(엡 3:1; 빌 1:12-

13; 골 1:24; 몬 1:1). 에베소서는 바울이 골로새교회에 두기고를 보낼 때 전달되었을 것이다(골 4:7-9).

Ⅱ. 배경

1. 기록

에베소서는 여러 교회들이 돌려가면서 읽는 회람서신이므로 바울이 갇히기 전에 돌보았던 아시아의 교회들을 위해 쓰였을 것이다. 어쩌면 에베소 교회가 그 지방에서 가장 큰 교회였으므로 에베소에 그 편지가 보관되었고, 주변의 작은 교회들이 다시 필사하여 읽었을 것이다.

2. 저자

에베소서의 저자에 대한 다른 견해가 있다. 그것은 바울 서신들을 편집한 사람이 수집물에 대해 소개할 목적으로 쓴 작품이라는 것이다. 그러나 에베소서에는 바울의 이름이 직접 나타나 있으며(엡 1:1; 3:1), 그에 관한 언급들이 일반적으로 알려지고 있는 바울의 생애와 일치하고 있어서 바울의 저서임을 부정할 수 없다.

Ⅲ. 내용 개요

에베소서는 교리(엡 1-3장)와 윤리(엡 4-6장)의 두 부분으로 나눠진다.

1. 인사와 감사의 중보기도(엡 1:1-23)

1) 성 삼위일체 하나님의 사역

바울은 에베소 성도들에게 인사를 한 후(엡 1:1), 성도들은 창세 전부터 성부 하나님의 예정 안에서 성자 그리스도의 구속을 받았다고 말한다. 그 확실한 증거가 성령의 인치심이다.

그 안에서 너희도 진리의 말씀 곧 너희의 구원의 복음을 듣고 그 안에서 또한 믿어 약속의 성령으로 인치심을 받았으니(엡 1:13).

2) 바울의 기도

성도는 기도 안에서 성장한다. 바울은 성도의 부름 받은 소망이 무엇이며(엡 1:18), 어떠한 유업이 있고, 베푸신 능력이 얼마나 큰 것과 그리스도가 교회의 머리되심을(엡 1:22) 깨닫게 해주시기를 기도드린다.

2. 하나된 교회의 영광(엡 2:1-3:21)

1) 구원론

구원받은 자들의 모임인 교회의 영광은 본래 진노의 자녀들이(엡 2:3) 은혜로 구원 받아(엡 2:5) 선한 일을 하며 사는데 있다. 그러나 지역교회에는 가라지도 있다.

우리는 그가 만드신 바라 그리스도 예수 안에서 선한 일을 위하여 지으심을 받은 자니 이 일은 하나님이 전에 예비하사 우리로 그 가운데서 행하게 하려 하심이니라(엡 2:10).

2) 교회의 하나됨

노아의 방주 안에서는 모두 어울려 살아야 한다. 하나님의 섭리는 유대인이나 이방인이나 차이가 없은즉, 본래 이방인은 이 세상에서 소망이 없고 하나님도 없었으나 예수 그리스도의 피로 하나님과 가까워졌고(엡 2:13), 성령 안에서 이방인과 유대인이 하나가 되어 하나님 아버지께 나아가게 되었다.

그의 안에서 건물마다 서로 연결하여 주 안에서 성전이 되어 가고 너희도 성령 안에서 하나님이 거하실 처소가 되기 위하여 그리스도 예수 안에서 함께 지어져 가느니라(엡 2:21-22).

3) 교회의 비밀

이방인들도 복음을 통하여 그리스도 안에서 유대인과 함께 상속자가 되고, 지체가 되고, 약속에 참여하는 자가 되는 것(엡 3:6)이 계시로 깨닫게 된 비밀이다. 바울은 이일을 위해 부르심을 받았으므로(엡 3:8), 다시 한번 엎드려 예수 안에서 하나가 되도록 이방인의 속사람이 강해지고 믿음과 사랑이 충만해지도록 기도한다.

3. 실천적 윤리(엡 4:1-6:20)

1) 교회의 하나됨의 권면

교회 안에서 부르심에 합당한 생활을 하려면 오래 참음으로 사랑 가운데 서로 용납함으로써(엡 4:2), 교회의 하나됨을 지켜야 하며, 지체의 다양성도 인정하면서 그리스도의 장성한 분량이 충만한 데까지 이르러야 할 것이다.

우리가 다 하나님의 아들을 믿는 것과 아는 일에 하나가 되어 온전한 사람을 이루어 그리스도의 장성한 분량이 충만한 데까지 이르리니(엡 4:13).

2) 그리스도인의 영적 성장

성장하는 그리스도인이 되려면 옛 사람을 벗어버리고 새 사람을 입어야 한다(엡 4:17-22). 옛 사람의 악에 참여치 말고(엡 5:1-

7), 빛의 자녀들처럼 모든 착함과 의로움과 진실함의 열매를 맺어 가야 한다.

너희가 전에는 어둠이더니 이제는 주 안에서 빛이라 빛의 자녀들처럼 행하라 빛의 열매는 모든 착함과 의로움과 진실함에 있느니라(엡 5:8-9).

3) 그리스도인의 가정생활

가정에서 아내는 남편에게 복종하고(엡 5:24), 남편은 아내를 사랑해야 한다(엡 5:25). 자녀는 부모를 순종하고 공경하며(엡 6:1-2), 부모는 자녀를 사랑 가운데 주님의 교양과 훈계로 양육하는 것이 마땅한 일이다.

4) 그리스도인의 사회생활

종들은 주인에게 순종하고 충성하며(엡 6:5-7), 상전들은 종을 위협하여 억압하지 말아야 한다.

상전들아 너희도 그들에게 이와 같이 하고 위협을 그치라 이는 그들과 너희의 상전이 하늘에 계시고 그에게는 사람을 외모로 취하는 일이 없는 줄 너희가 앎이라(엡 6:9).

5) 그리스도인의 영적 전투

그리스도인은 이 세상에 있지만 혈과 육의 세력이 아닌 악한 영들과 싸우며 살아가므로, 하나님의 전신갑주를 입어야 한다.

그러즉 서서 진리로 너희 허리 띠를 띠고 의의 호심경을 붙이고 평안의 복음이 준비한 것으로 신을 신고 모든 것 위에 믿음의 방패를 가지고 이로써 능히 악한 자의 모든 불화살을 소멸하고 구원의 투구와 성령의 검 곧 하나님의 말씀을 가지라(엡 6:14-17).

4. 맺는말(엡 6:21-24)

두기고를 보내 자세한 사정을 전한다고 말하면서 축도로 끝을 맺는다.

Ⅳ. 특징

1. 에베소는 바울이 에베소에 있는 교회들에 보낸 회람서신으로 골로새서와 유사한 내용이 많아서 자매 서신(the Sister Epistles) 혹은 쌍둥이 서신이라고 불려진다. 그러나 주제에 있어서 에베소서는 교회론적(교회의 장엄함)이며, 골로새서는 기독론적(그리스도의 위엄)이다.

2. 에베소서는 교회의 하나됨을 강조한다.

3. 그리스도인들은 교회를 세우신 하나님의 지고하신 경륜(엡 1:23)을 좇아 선하고(엡 2:10), 강건하고(엡 3:16), 새로운 삶(엡 4:22)을 살아가야 한다.

빌립보서

주 안에서 항상 기뻐하라 내가 다시 말하노니 기뻐하라 너희 관용을 모든 사람에게 알게 하라 주께서 가까우시니라 아무 것도 염려하지 말고 다만 모든 일에 기도와 간구로, 너희 구할 것을 감사함으로 하나님께 아뢰라 그리하면 모든 지각에 뛰어난 하나님의 평강이 그리스도 예수 안에서 너희 마음과 생각을 지키시리라(빌 4:4-7).

Ⅰ. 들어가는 말

빌립보서는 공적 서신 가운데 가장 개인적인 편지이다. 전부 4장에 불과한 편지에 100여개의 1인칭 대명사가 나온다. 빌립보 교회는 바울에게 열렬한 충성을 보였기 때문에 바울은 자신이 당한 시련과 영적인 포부를 교인들에게 자연스럽게 말할 수 있었다.

Ⅱ. 배경

1. 기록

빌립보 교회는 바울이 아시아에서 복음전도가 안되어 헤매며 기도하다가 마케도니아인의 환상을 보고 건너가 유럽 땅에 세운 최초의 교회이다(행 16:8-12). 이 교회는 바울을 여러 번 도왔고(빌 4:10-18) 바울도 몇 번 방문했을 뿐 아니라 가장 만족스럽게 여긴 교회였던 것 같다. 본 서신은 전통적으로 바울이 아마도 로마 감옥에 체류했던 2년 중의 말기에 쓴 것으로 여겨진다.

2. 저자

바울이 2차 선교여행 중에 세운 빌립보 교회는 특별한 애정과 관심을 기울인 교회였다. 빌립보 교회에는 처음부터 바울을 섬겼던 루디아의 친구들로 여겨지는 많은 부녀들이 화목하게 교회를 섬겼으나, 유오디아와 순두게와 같이 서로 협력하지 않는 자들도 있었다(빌 4:2). 그러나 빌립보 교회에는 분파적 행동을 할만한 특별한 분파나 이단은 없었던 것으로 보인다.

바울이 빌립보 교회를 떠난지 오랜 시간이 지나자 그에 대한 열심이 식어졌으나, 예루살렘의 기근 소식과 바울의 감옥생활에 대한 소식을 듣자 빌립보 교인들의 열정이 다시 살아나 그를 후원하였다(빌 4:10-20).

Ⅲ. 내용 개요

1. 서언과 간증(빌 1:1-30)

격식 없는 친밀한 인사로 시작한 바울은 빌립보 교인들을 생각할 때마다 하나님께 감사한다고 말한다. 그가 감옥에 갇힌바 되었으나 오히려 복음에 도움이 되었으며(빌 1:12), 차라리 육신을 떠나 그리스도와 함께 있는 것이 좋지만 빌립보 교인들을 위해서 살아있는 것이 유익하다고 말한다. 훌륭한 분이 오래 살아계셔야 사람들에게 유익하다. 의인을 통해 하나님의 은혜가 흘러들어오는 것이다.

> 내가 그 둘 사이에 끼었으니 차라리 세상을 떠나서 그리스도와 함께 있는 것이 훨씬 더 좋은 일이라 그렇게 하고 싶으나 내가 육신으로 있는 것이 너희를 위하여 더 유익하리라(빌 1:23-24).

2. 개인적 상황에서의 격려(빌 2:1-30)

1) 겸손의 모범이신 그리스도

바울은 먼저 교회생활에 있어서 겸손함으로 하나 되도록 힘쓰라고 권면하는데(빌 2:3), 이는 그리스도께서도 자신을 낮추사 십자가에서 돌아가시고 부활 승천하셨기 때문이다. 그러므로 성도는 항상 겸허함 가운데, 마음에 소원을 주셔서 역사하시는 하나님을 좇아 두렵고 떨림으로 구원을 이루며, 불평하거나 다투지 말아야 할 것이다.

> 너희 안에서 행하시는 이는 하나님이시니 자기의 기쁘신 뜻을 위하여 너희에게 소원을 두고 행하게 하시나니 모든 일을 원망과 시비가 없이 하라(빌 2:13-14).

2) 소식 전달자들에 대한 언급

바울은 재판에 대한 소식을 디모데를 통해 보내거나, 빌립보 교인들의 헌금을 전해주고 중병에 걸렸던 에바브로디도를 다시 보냄으로써 빌립보 교인들에게 기쁨을 주고자 하였다(빌 2:19-30).

3. 율법주의자들에 대한 경고(빌 3:1-4:1)

1) 개인 간증을 통한 권고

빌립보 교회에는 육체를 신뢰케 하는 율법주의자들과 도덕폐기론자들이 있었다. 바울은 자신도 자랑할만한 것들이 많이 있지만 의로움은 율법에 의해서가 아니라 오직 그리스도를 믿음으로 생기며, 어떤 율법 지식보다 예수를 아는 지식이 가장 고상하다고 함으로써(빌 3:8) 율법주의자들을 교훈한다.

또한 바울 자신조차도 이미 완성된 것으로 여기지 않고 완전을 향하여 달음질하고 있다고 말함으로써 도덕폐기론자들의 잘못을 깨닫게 해준다. 그들은 방종을 일삼아 십자가의 원수로 행한다(빌 3:18).

> 형제들아 나는 아직 내가 잡은 줄로 여기지 아니하고 오직 한 일 즉 뒤에 있는 것은 잊어버리고 앞에 있는 것을 잡으려고 푯대를 향하여 그리스도 예수 안에서 하나님이 위에서 부르신 부름의 상을 위하여 달려가노라(빌 3:13-14).

2) 하늘의 시민권

참으로 우리 그리스도인들은 하늘에 시민권을 두고 그곳에서 상 받을 것을 목표로 달려가는 자들이다. 루터(M. Luther)는 기독교인은 완성된 존재가 아니라 되어가고 있는 존재라고 하였다.

> 그러나 우리의 시민권은 하늘에 있는지라 거기로부터 구원하는 자 곧 주 예수 그리스도를 기다리노니 그는 만물을 자기에게 복종하게 하실 수 있는 자

의 역사로 우리의 낮은 몸을 자기 영광의 몸의 형체와 같이 변하게 하시리라 (빌 3:20-21).

4. 연합과 기쁨(빌 4:2-9)

바울은 마음을 합하지 않는 유오디아와 순두게에게 같은 마음을 품을 것을 권면하며, 모든 빌립보 교인들에게 항상 기뻐하라고 말한다. 그가 감옥에서 그런 편지를 썼다는 것을 생각하면 그 말이 의미해 주는 바가 더욱 감동적이다.

주 안에서 항상 기뻐하라 내가 다시 말하노니 기뻐하라(빌 4:4).

5. 맺는말(빌 4:10-23)

바울은 풍부하든지 궁핍하든지 간에 자족하는 법을 배웠다고 하면서(빌 4:12), 그래도 빌립보 교인들이 보내준 선물에 감사를 표한 후, 문안과 축도로 글을 맺는다.

그러나 너희가 내 괴로움에 함께 참여하였으니 잘하였도다 빌립보 사람들아 너희도 알거니와 복음의 시초에 내가 마게도냐를 떠날 때에 주고 받는 내 일에 참여한 교회가 너희 외에 아무도 없었느니라(빌 4:14-15).

Ⅳ. 특징

1. 빌립보서의 주제는 복음과 기쁨이다.

2. 복음의 주제

1) 빌립보서에는 복음 안에서 교제(빌 1:5), 복음의 확신(빌

1:7), 복음의 진보(빌 1:7), 복음의 변호(빌 1:16), 복음에 합당한 생활(빌 1:27), 복음의 신앙을 위해 협력(빌 1:27), 복음 안에서 봉사(빌 2:22), 복음 안에서 수고(빌 4:3), 복음 전파의 시초(빌 4:15) 등 9번이나 복음을 핵심으로 한 제반의 삶이 강조되고 있다.

2) 복음이란 그리스도가 인간을 위해 죽으셨다는 역사적 측면(빌 2:8)과 하나님 앞에서 의롭다 함을 얻은 개인적 측면(빌 3:9)을 의미하고 있다.

3. 기쁨의 주제

빌립보서가 기쁨의 책인 것은 바울이 로마 감옥에서 내일 어떻게 될지 알 수 없는 어두운 상황에 처했음에도 불구하고 희망을 말하기 때문이다. 바울은 처형당할 수 있는 감옥에서의 위기와 그의 대적자들의 위협에서도 그리스도가 전파됨으로 인해(빌 1:18), 겸손의 성장으로 인해(빌 2:3-4), 그리스도를 위한 개인적 헌신으로 인해(빌 2:17), 교인들의 섬김과 관심의 회복으로 인해(빌 4:10) 기뻐하였으며, 빌립보 교인들을 생각할 때마다 기뻐하였다.

> 내가 너희를 생각할 때마다 나의 하나님께 감사하며 간구할 때마다 너희 무리를 위하여 기쁨으로 항상 간구함은(빌 1:3-4).

골로새서

그는 보이지 아니하는 하나님의 형상이시요 모든 피조물보다 먼저 나신 이시니 만물이 그에게서 창조되되 하늘과 땅에서 보이는 것들과 보이지 않는 것들과 혹은 왕권들이나 주권들이나 통치자들이나 권세들이나 만물이 다 그로 말미암고 그를 위하여 창조되었고 또한 그가 만물보다 먼저 계시고 만물이 그 안에 함께 섰느니라 그는 몸인 교회의 머리시라 그가 근본이시요 죽은 자들 가운데서 먼저 나신 이시니 이는 친히 만물의 으뜸이 되려 하심이요 아버지께서는 모든 충만으로 예수 안에 거하게 하시고 그의 십자가의 피로 화평을 이루사 만물 곧 땅에 있는 것들이나 하늘에 있는 것들이 그로 말미암아 자기와 화목하게 되기를 기뻐하심이라 전에 악한 행실로 멀리 떠나 마음으로 원수가 되었던 너희를 이제는 그의 육체의 죽음으로 말미암아 화목하게 하사 너희를 거룩하고 흠 없고 책망할 것이 없는 자로 그 앞에 세우고자 하셨으니 만일 너희가 믿음에 거하고 터 위에 굳게 서서 너희 들은 바 복음의 소망에서 흔들리지 아니하면 그리하리라 이 복음은 천하 만민에게 전파된 바요 나 바울은 이 복음의 일꾼이 되었노라 (골 1:15-23).

Ⅰ. 들어가는 말

골로새서는 에베소서와 쌍둥이 서신으로 유사점을 많이 보여준다. 골로새는 히에라볼리와 라오디게아에서 멀지 않은 언덕에 위치하고 있어서 리쿠스 강이 내려다보인다. 주전 5세기 페르시아와의 전쟁 때 상당히 중요한 역할을 했으나 점차 주변 도시에 밀려나기 시작하여 바울 당시에는 이미 쇠퇴기에 놓여 있었다. 골로새는 검은 색깔의 윤기 있는 양모로 유명하였다.

Ⅱ. 배경

1. 기록

골로새 교회는 바울이 세운 교회가 아니었으므로 그를 직접 보지 못한 사람들이 적지 않았을 것이다(골 2:1). 그러나 디모데와 함께 골로새 교회를 세운 에바브라(골 1:7)가 로마에서 바울에게 자세한 교회형편을 말해 주었을 때, 바울은 골로새서를 쓰지 않을 수 없었다.

그는 골로새 교회의 성장과 발전에 대해 기뻐한 반면에, 유대적 관습과 천사 숭배 등 이단적 요소가 확산되는 것을 걱정하는 마음으로 본서를 기록하였다.

2. 지리적 상황

골로새는 동방에서 서방에 이르는 상업도로상에 위치하여 동방의 상품들뿐 아니라 동방의 종교들도 로마로 유입되는 역할을 하였다. 또한 골로새에는 브리기아인들이 많이 거주하여서 감정적이고 신비적 종교의 성향이 많았다.

3. 기록 목적

유대교적 절충주의와 영들 숭배(중개역할)에 대해 단호하게 대처하고 있다(골 2:16-23). 유대교 율법주의적 색채가 농후한 천사숭배, 음식절제, 절기준수 등의 가르침이 들어와 은혜로 말미암은 구원 신앙을 약화시킨 것이다.

또한 신비한 지식을 약속하는 철학을 가르치는 거짓 교사들이 들어와 신성의 충만을 사모하는 골로새 교인들이 현혹하게 되자, 예수님의 신성의 충만하심(골 2:9)과 우주적 주님(골 1:15)이심을 선언하고 있다. 그 복음이 천하에 전파된 바가 되었고, 바울이 그 복음의 일꾼이 되었다.

Ⅲ. 내용: 그리스도의 탁월성

1. 서언(골 1:1-12)

골로새 교인들에게 인사를 마치자마자, 그들이 하나님의 뜻을 아는데 자라나고 선한 행위의 열매와 고난의 인내를 이루게 되기를 기도한다.

> 이로써 우리도 듣던 날부터 너희를 위하여 기도하기를 그치지 아니하고 구하노니 너희로 하여금 모든 신령한 지혜와 총명에 하나님의 뜻을 아는 것으로 채우게 하시고(골 1:9).

2. 신성의 충만이신 그리스도(골 1:13-2:23)

1) 예수 그리스도의 본질

하나님의 형상이고 그 모든 충만이 거하시는 분으로(골 1:19), 속죄의 주(골 1:14)이시고, 만유의 근본이시며, 교회의 머리이시다.

그 아들 안에서 우리가 속량 곧 죄 사함을 얻었도다(골 1:14).

2) 바울의 전도 사명

바울은 하나님의 비밀인 그리스도를 전파하며(골 1:27), 그를 참으로 깨닫게 하고(골 2:2), 그 안에서 행하도록(골 2:6) 그리스도의 일꾼으로 역경 가운데 힘쓰고 있다.

3) 골로새 교인들의 신앙자세

그들은 공허한 인간적 원리를 버리고 신성이 충만하신 그리스도를 좇아야 하는바, 그리스도께서는 하늘의 정사와 권세 잡은 자들을 다 물리치시고 십자가로 승리하셨음을(골 2:14-15) 기억해야 한다. 다시 말해서 헛된 절기 준수와 천사 숭배가 참된 믿음을 저해하므로 이러한 것들을 붙잡지도 말고 맛보지도 말고 만지지도 말아야 하는 것이다.

우리를 거스르고 불리하게 하는 법조문으로 쓴 증서를 지우시고 제하여 버리사 십자가에 못 박으시고 통치자들과 권세들을 무력화하여 드러내어 구경거리로 삼으시고 십자가로 그들을 이기셨느니라 그러므로 먹고 마시는 것과 절기나 초하루나 안식일을 이유로 누구든지 너희를 비판하지 못하게 하라(골 2:14-16).

3. 그리스도 안에서의 새로운 삶(골 3:1-4:6)

1) 개인적 결단

그리스도인은 마땅히 땅의 원리인 육체적 소욕을 죽이고(골

3:5), 하늘의 원리를 좇아 살아야 할 것이다(골 3:12-17).

2) 가정에서의 삶

아내와 남편, 자녀와 부모, 종과 상전은 각각 올바른 마음가짐과 행동을 해야 한다(골 3:18-4:1). 부부 사이에는 복종과 사랑이 있어야 하며, 부모와 자녀 사이에는 순종과 자녀에 대한 인정이 있어야 하며, 종과 상전 사이에는 충성과 공의를 행함이 있어야 한다.

아내들아 남편에게 복종하라 이는 주 안에서 마땅하니라 남편들아 아내를 사랑하며 괴롭게 하지 말라 자녀들아 모든 일에 부모에게 순종하라 이는 주 안에서 기쁘게 하는 것이니라 아비들아 너희 자녀를 노엽게 하지 말지니 낙심할까 함이라(골 3:18-21).

3) 사회생활

바울은 기도를 항상 힘쓰고, 지혜롭게 대인관계를 행하며, 친절하고 유익한 말을 하라고 권면한다(골 4:2-6).

너희 말을 항상 은혜 가운데서 소금으로 맛을 냄과 같이 하라 그리하면 각 사람에게 마땅히 대답할 것을 알리라(골 4:6).

4. 맺는말(골 4:7-18)

끝으로 바울은 편지를 가지고 가는 두기고와 오네시모를 추천하고, 문안과 축도로 끝을 맺는다.

Ⅳ. 특징

1. 바울의 기독론이 명확하게 제시되고 있다(골 1:14-22).

그리스도는 창조와 구속, 그리고 교회와 개인적인 생애에 있어서 탁월하게 역사하신다. 만물이 말씀으로 지어졌으며, 십자가로 인류의 죄를 대속하셨고, 그리스도는 교회의 머리가 되시고, 우리의 보혜사가 되신다.

2. 구속의 가르침은 골로새서의 또 다른 탁월한 말씀이다.

그리스도 안에서 죄 사함과(골 1:14), 하나님과의 화목(골 1:20,22), 우리를 대적하는 법조문의 제거(골 2:14)가 이루어졌다.

3. 죽음과 부활의 실제적 적용

세상의 초등학문에서 죽었으며(골 2:20), 위의 것을 찾도록 살리심을 받았다.

> 그러므로 너희가 그리스도와 함께 다시 살리심을 받았으면 위의 것을 찾으라 거기는 그리스도께서 하나님 우편에 앉아 계시느니라(골 3:1).

데살로니가전서

형제들아 때와 시기에 관하여는 너희에게 쓸 것이 없음은 주의 날이 밤에 도둑 같이 이를 줄을 너희 자신이 자세히 알기 때문이라 그들이 평안하다, 안전하다 할 그 때에 임신한 여자에게 해산의 고통이 이름과 같이 멸망이 갑자기 그들에게 이르리니 결코 피하지 못하리라 형제들아 너희는 어둠에 있지 아니하매 그 날이 도둑 같이 너희에게 임하지 못하리니 너희는 다 빛의 아들이요 낮의 아들이라 우리가 밤이나 어둠에 속하지 아니하나니 그러므로 우리는 다른 이들과 같이 자지 말고 오직 깨어 정신을 차릴지라 자는 자들은 밤에 자고 취하는 자들은 밤에 취하되 우리는 낮에 속하였으니 정신을 차리고 믿음과 사랑의 호심경을 붙이고 구원의 소망의 투구를 쓰자 하나님이 우리를 세우심은 노하심에 이르게 하심이 아니요 오직 우리 주 예수 그리스도로 말미암아 구원을 받게 하심이라 예수께서 우리를 위하여 죽으사 우리로 하여금 깨어 있든지 자든지 자기와 함께 살게 하려 하셨느니라 그러므로 피차 권면하고 서로 덕을 세우기를 너희가 하는 것 같이 하라(살전 5:1-11).

Ⅰ. 들어가는 말

바울 일행은 마케도니아의 첫 선교지인 빌립보에서 이그나티안 대로를 따라 데살로니가(현재의 살로니카)에 도착했다. 데살로니가는 알렉산더 대왕의 이복누이를 기념하여 카산더 장군이 붙인 이름이다.

Ⅱ. 배경

1. 저자

바울이 제2차 선교여행 중 고린도에서 보낸 편지로, 무척 이른 시기에 쓰인 서신에 속한다. 교회와의 연관성을 고려한 전통적인 입장에서 볼 때 데살로니가전·후서는 51년경 바울이 고린도에 체류하던 몇 달 동안에 기록한 것으로 여겨진다.

2. 기록 목적

일반 유대인들처럼 데살로니가에 있는 유대인들은 왕이신 메시아를 기다렸으나 바울은 죽음에서 다시 살아나신 메시아를 전파했다. 바울은 성경에 예언된 메시아가 십자가에서 죽으신 나사렛 예수이기 때문에 예수님을 구주로 영접하는 것이 참 유대인의 증표라고 전했다. 그 메시지를 듣고 소수의 유대인들이 믿었으나 많은 반대자들이 일어나서 그 도시에서 복음을 전하지 못할 지경이 되었다.

어쩔 수 없이 데살로니가를 떠난 후 바울은 그곳의 교인들이 믿음을 굳게 지키고 있는 것을 칭찬하면서 그들 사이에 싹튼 잘못을 바로 잡아주려고 데살로니가전 · 후서를 썼다. 이 서신들은 그리스도의 새림에 대하여 가장 먼저 확고한 가르침을 주고 있다.

Ⅲ. 내용 개요

1. 문안과 감사(살전 1:1-10)

1) 바울과 실루아노와 디모데의 세 사람 이름으로 문안하고, 데살로니가 교인들이 고통 가운데도 기쁨으로 복음을 받아들여 많은 사람들의 믿음의 본이 된 것을 감사하고 있다.

또 너희는 많은 환난 가운데서 성령의 기쁨으로 말씀을 받아 우리와 주를 본받은 자가 되었으니(살전 1:6).

2) 데살로니가인들은 우상을 버리고 참 하나님을 섬겼고, 주의 재림을 소망함으로써 믿음을 지켰다(살전 1:9-10).

2. 과거에 대한 감사(살전 2:1-16)

1) 바울은 고난 가운데서도 데살로니가에 복음을 전하여 그들을 자녀 돌보듯 하였음을 말한다(살전 2:7,11). 그것은 오직 그들로 그의 나라와 영광에 이르게 해 주시는 하나님께 합당히 행하게 하기 위함이었다(살전 2:12).

우리는 그리스도의 사도로서 마땅히 권위를 주장할 수 있으나 도리어 너희 가운데서 유순한 자가 되어 유모가 자기 자녀를 기름과 같이 하였으니(살전 2:7).

2) 바울은 그들이 복음을 받아들임으로 동족의 박해를 받았으나, 전도의 말씀을 하나님의 말씀으로 받아 인내한 것을 감사하였다.

형제들아 너희가 그리스도 예수 안에서 유대에 있는 하나님의 교회들을 본받은 자 되었으니 그들이 유대인들에게 고난을 받음과 같이 너희도 너희 동족에게서 동일한 고난을 받았느니라(살전 2:14).

3. 방문 희망과 디모데 파송(살전 2:17-3:13)

1) 바울은 데살로니가를 방문하려는 계획이 실현되지 못하자(살전 2:18), 디모데를 파송하여 그들을 지도하려 하였다. 직접 갈 수 없으면 제자라도 보내어 지도한다.

우리 형제 곧 그리스도의 복음을 전하는 하나님의 일꾼인 디모데를 보내노니 이는 너희를 굳건하게 하고 너희 믿음에 대하여 위로함으로 아무도 이 여러 환난 중에 흔들리지 않게 하려 함이라 우리가 이것을 위하여 세움 받은 줄을 너희가 친히 알리라(살전 3:2-3).

2) 디모데가 돌아와 그들이 바울을 사모한다는 소식을 전하므로 위로를 받았음을 감사하면서(살전 3:7), 사랑과 거룩함이 더욱 풍성하기를 기도한다.

너희 마음을 굳건하게 하시고 우리 주 예수께서 그의 모든 성도와 함께 강림하실 때에 하나님 우리 아버지 앞에서 거룩함에 흠이 없게 하시기를 원하노라(살전 3:13).

4. 몇 가지 교훈들(살전 4:1-5:24)

1) 바울은 거룩함과 사랑에 대해 권면한다(살전 4:1-12). 하나님께서는 우리가 거룩한 생활을 하기 원하시므로 온갖 음란을 버려야 할 것이다.

하나님의 뜻은 이것이니 너희의 거룩함이라 곧 음란을 버리고 각각 거룩함과 존귀함으로 자기의 아내 대할 줄을 알고 하나님을 모르는 이방인과 같이 색욕을 따르지 말고(살전 4:3-5).

2) 교인끼리 서로 사랑하되 남에게 폐를 끼치지 않도록 직업을 가지고 일하며 살아야 한다. 성도의 사랑을 빙자하여 도움받는 것을 당연시하지 말아야 한다.

또 너희에게 명한 것 같이 조용히 자기 일을 하고 너희 손으로 일하기를 힘쓰라(살전 4:11).

3) 부활을 굳게 믿으므로 먼저 죽은 자들을 위로하라고 권면한다(살전 4:13-18). 주가 강림하실 때 산 자가 홀연히 변화할 것이며, 죽은 자가 부활할 것이다. 이때 예수님을 안 믿고 죽은 사람은 백보좌 심판의 부활로 나타난다.

주께서 호령과 천사장의 소리와 하나님의 나팔 소리로 친히 하늘로부터 강림하시리니 그리스도 안에서 죽은 자들이 먼저 일어나고 그 후에 우리 살아남은 자들도 그들과 함께 구름 속으로 끌어 올려 공중에서 주를 영접하게 하시리니 그리하여 우리가 항상 주와 함께 있으리라(살전 4:16-17).

4) 재림의 시기는 알 수 없으나 도적같이 불시에 오실지라도 당황하지 않도록 깨어 근신해야 하며, 항상 빛의 자녀로 살아가야 할 것이다(살전 5:1-11).

너희는 다 빛의 아들이요 낮의 아들이라 우리가 밤이나 어둠에 속하지 아니하나니 그러므로 우리는 다른 이들과 같이 자지 말고 오직 깨어 정신을 차릴지라(살전 5:5-6).

5) 끝으로 교회 안에서 존경과 사랑과 선함을 권하고, 항상 기뻐하고, 기도하고, 감사하며 성령충만한 생활을 할 것을 권면하고 기도로 마감한다

항상 기뻐하라 쉬지 말고 기도하라 범사에 감사하라 이것이 그리스도 예수 안에서 너희를 향하신 하나님의 뜻이니라(살전 5:16-18).

5. 맺는말(살전 5:25-28)

기도 부탁과 문안과 축원으로 끝맺는다.

Ⅳ. 특징

1. 도덕적인 삶이 어려서부터 몸에 밴 유대인 신자보다는 이방인 신자들에게 권면하는 내용으로 음행과 부도덕한 생활을 하지 말라고 한다.

2. 이방인으로 살다가 개종함으로써 사회적 결속에서 떨어져나오게 된 사람들에게 부지런히 일하고 궁핍함이 없도록 하라고 권한다.

3. 재림에 관해서는 상세한 것을 알지 못할지라도 깨어 있는 신앙생활을 하면 아무것도 두려워할 것이 없다고 말한다. 바울은 깨어 있고(γρηγορεύω , 주의하다), 정신을 차리고(νήφω , 금주하다, 분별력 있다) 등의 말을 반복하여 강조한다.

데살로니가후서

형제들아 우리가 너희에게 구하는 것은 우리 주 예수 그리스도의 강림하심과 우리가 그 앞에 모임에 관하여 영으로나 또는 말로나 또는 우리에게서 받았다 하는 편지로나 주의 날이 이르렀다고 해서 쉽게 마음이 흔들리거나 두려워하거나 하지 말아야 한다는 것이라 누가 어떻게 하여도 너희가 미혹되지 말라 먼저 배교하는 일이 있고 저 불법의 사람 곧 멸망의 아들이 나타나기 전에는 그 날이 이르지 아니하리니 그는 대적하는 자라 신이라고 불리는 모든 것과 숭배함을 받는 것에 대항하여 그 위에 자기를 높이고 하나님의 성전에 앉아 자기를 하나님이라고 내세우느니라 내가 너희와 함께 있을 때에 이 일을 너희에게 말한 것을 기억하지 못하느냐 너희는 지금 그로 하여금 그의 때에 나타나게 하려 하여 막는 것이 있는 것을 아나니 불법의 비밀이 이미 활동하였으나 지금은 그것을 막는 자가 있어 그 중에서 옮겨질 때까지 하리라 그 때에 불법한 자가 나타나리니 주 예수께서 그 입의 기운으로 그를 죽이시고 강림하여 나타나심으로 폐하시리라(살후 2:1-8).

Ⅰ. 들어가는 말

바울의 주님의 재림과 부활에 대한 열정적인 가르침은 깊은 감동과 함께 연약한 신자들에게 들뜬 마음을 갖게 했던 것 같다. 어쩌면 그들은 거짓 교사들의 그릇된 가르침을 통해 재림의 시기와 방법에 대해 크게 오해했을지 모른다. 바울은 헛된 가르침에 빠지지 않도록 주의 재림에 관한 어떤 명확한 근거를 제시하고자 했다.

한때 재림열풍이 불어와 1948년 이스라엘 독립 후 한 세대가 지나 종말이 온다고 믿기도 했으며, 다미선교회는 1992년 10월 28일 종말을 선포하고, 전 재산을 교회에 헌납하고 교회에서 생활하기도 하였다. 노스트라다무스는 1999년 7월의 종말을 예언하였다.

Ⅱ. 배경

1. 기록

데살로니가 교회에 "주의 날이 이르렀다"는 재림에 대한 과열된 상태와 부작용이 있다는 소식을 듣고 바울은 냉철하게 재림의 교리를 설명하고 있다. 바울이 고린도에서 쓴 것으로 여겨진다.

2. 주제

생활 속에서 주의 재림을 소망할 것이며, 기대하는 마음을 버리지 말 것이다.

3. 권위

바울은 전통(살후 2:15; 3:6)이란 말을 사용하여 구전으로 전달된 교회의 가르침을 의지하여 권위 있게 명령한다. 그 권위는 개인적인 종교심을 능가하는 것이었을 뿐만 아니라 하나님의 계시에 의해 성령께서 주시는 말씀으로 주어진 것이었다(살전 2:13).

Ⅲ. 내용 개요

1. 인사와 감사(살후 1:1-12)

1) 재림의 신앙은 지금 하늘 보좌에 계신 예수 그리스도가 다시 오셔서 복종하지 않는 자들에게 형벌을 내리실 것을 믿는 것이다.

> 환난을 받는 너희에게는 우리와 함께 안식으로 갚으시는 것이 하나님의 공의시니 주 예수께서 자기의 능력의 천사들과 함께 하늘로부터 불꽃 가운데에 나타나실 때에 하나님을 모르는 자들과 우리 주 예수의 복음에 복종하지 않는 자들에게 형벌을 내리시리니(살후 1:7-8).

2) 바울은 모든 박해와 환난 가운데서도 믿음과 사랑이 자라남을 감사하고(살후 1:3), 재림과 심판이 임할 때 형벌에 처하는 자가 없고 그 부르심에 합당한 자로 여김 받도록 기도한다. 그날에 주의 재림을 듣고 믿은 것을 기이하게 여길 것이다.

> 그 날에 그가 강림하사 그의 성도들에게서 영광을 받으시고 모든 믿는 사들에게서 놀랍게 여김을 얻으시리니 이는 (우리의 증거가 너희에게 믿어졌음이라)(살후 1:10).

2. 재림에 관한 교훈(살후 2:1-17)

1) 재림에 대한 과열된 분위기 가운데 벌써 재림이 이르렀다는 극단론자들도 있었고, 거짓 가르침도 들어왔던 것 같다. 바울은 아직 재림이 이르지 않았으므로 동요하지 말 것과 앞으로도 재림이 있으려면 먼저 배교자들이 나타나고 불법의 사람이 출현할 것임을(살후 2:3) 깨우쳐 준다.

2) 하나님은 복음의 말씀을 통해 인류를 진노에서 구원하신다. 하나님은 사랑 가운데 자기의 구원을 누릴 자를 선택하셨다.

> 주께서 사랑하시는 형제들아 우리가 항상 너희에 관하여 마땅히 하나님께 감사할 것은 하나님이 처음부터 너희를 택하사 성령의 거룩하게 하심과 진리를 믿음으로 구원을 받게 하심이니 이를 위하여 우리의 복음으로 너희를 부르사 우리 주 예수 그리스도의 영광을 얻게 하려 하심이니라(살후 2:13-14).

3) 교인들은 말로나 편지로 받은 하나님 말씀에 굳게 서서 담대해야 할 것이다(살전 1:6; 살후 2:15).

> 그러므로 형제들아 굳건하게 서서 말로나 우리의 편지로 가르침을 받은 전통을 지키라(살후 2:15).

3. 교훈(살후 3:1-15)

1) 바울은 심술궂고 악한 사람에게서 자신의 사역이 훼방받지 않게 해달라는 기도를 부탁한다. 예수님께서 제자들을 보내시며 양들을 이리 가운데 보냄 같다고 하신 것처럼 세상에서 빛과 소금의 사역을 행할 때마다 악의 세력에서 벗어나도록 기도해야 한다.

> 또한 우리를 부당하고 악한 사람들에게서 건지시옵소서 하라 믿음은 모든 사람의 것이 아니니라(살후 3:2).

2) 주의 재림이 임박했다는 생각에서 일하지 않고 게으름을 피

우는 자들에 대해서 경고한다. 일하기 싫어하거든 먹지도 말게 하라는 강한 권면과 함께, 종말의 분위기에서도 여전히 선한 일에 힘쓸 것을 당부한다. 내일 지구의 종말이 와도 오늘 사과나무 한 그루를 심는 성실함이 있어야 한다.

우리가 너희와 함께 있을 때에도 너희에게 명하기를 누구든지 일하기 싫어하거든 먹지도 말게 하라 하였더니(살후 3:10).

4. 맺는말(살후 3:16-18)

때마다 일마다 하나님의 평강을 기원하면서 바울이 친필로 문안함을 밝히며 그들을 축복한다.

Ⅳ. 특징

1. 주의 재림에 앞서 일어나게 될 세 가지 사건

1) 배교하는 일이 급격히 증가한다.

누가 어떻게 하여도 너희가 미혹되지 말라 먼저 배교하는 일이 있고 저 불법의 사람 곧 멸망의 아들이 나타나기 전에는 그 날이 이르지 아니하리니(살후 2:3).

2) 막는 자의 세력이 제거된다.

막는 것(τὸ κατέχον)은 중성, 막는 자(ὁ κατέχων)는 남성이어서 좋은 이미지와 나쁜 이미지 모두 해석이 가능하지만, 통상적으로 하나님이나 성령으로 해석된다.

너희는 지금 그로 하여금 그의 때에 나타나게 하려 하여 막는 것이 있는 것을 아나니 불법의 비밀이 이미 활동하였으나 지금은 그것을 막는 자가 있어 그 중에서 옮겨질 때까지 하리라(살후 2:6-7).

3) 하나님을 반역하는 사탄의 악한 하수인이 나타난다.

누가 어떻게 하여도 너희가 미혹되지 말라 먼저 배교하는 일이 있고 저 불법의 사람 곧 멸망의 아들이 나타나기 전에는 그 날이 이르지 아니하리니 그는 대적하는 자라 신이라고 불리는 모든 것과 숭배함을 받는 것에 대항하여 그 위에 자기를 높이고 하나님의 성전에 앉아 자기를 하나님이라고 내세우느니라(살후 2:3-4).

2. 바울의 종말론

그리스도께서 친히 다시 오셔서 적 그리스도를 멸망시키고, 그의 성도들을 회복시킨다. 개인적 종말에 위로와 기쁨을 기대하는 것처럼 우주적 종말에는 더 큰 기쁨과 후련함이 있을 것이다.

3. 자기 일에 충실하면서 종말을 기다려야 한다.

주의 날이 오면 모든 악과 고통이 사라질 것이므로 일도 하지 않고 생계를 다른 이에게 의존하는 사람들이 생겼다. 바울은 데살로니가전서의 가르침처럼(살전 4:11) 자기 생계를 위해 일하고 충실하라고 권면한다.

디모데전서

오직 너 하나님의 사람아 이것들을 피하고 의와 경건과 믿음과 사랑과 인내와 온유를 따르며 믿음의 선한 싸움을 싸우라 영생을 취하라 이를 위하여 네가 부르심을 받았고 많은 증인 앞에서 선한 증언을 하였도다 만물을 살게 하신 하나님 앞과 본디오 빌라도를 향하여 선한 증언을 하신 그리스도 예수 앞에서 내가 너를 명하노니 우리 주 예수 그리스도께서 나타나실 때까지 흠도 없고 책망 받을 것도 없이 이 명령을 지키라 기약이 이르면 하나님이 그의 나타나심을 보이시리니 하나님은 복되시고 유일하신 주권자이시며 만왕의 왕이시며 만주의 주시요 오직 그에게만 죽지 아니함이 있고 가까이 가지 못할 빛에 거하시고 어떤 사람도 보지 못하였고 또 볼 수 없는 이시니 그에게 존귀와 영원한 권능을 돌릴지어다 아멘(딤전 6:11-16).

I. 들어가는 말

디모데전후서와 디도서는 바울이 디모데와 디도에게 개인적으로 보낸 편지들이지만 넓게는 지역교회를 잘 지도할 수 있도록 목회자들에게 훈계하는 공식문서라고 볼 수 있는 바, 이들을 목회서신(the Pastoral Letters)이라고 부른다.

바울이 감옥 생활에서 점차 나이가 들고 활동이 자유롭지 못했기 때문에 보다 자유롭게 선교활동을 할 수 있는 젊고 유능한 사역자들의 도움을 점차로 의지하게 되었다. 그런 상황에서 기록된 서신이 목회서신으로 디모데전서는 젊은 목회자에게 목회사역에 대해 조언하는 바울의 활력적인 모습을 보여주며, 디도서는 디모데전서와 외관적으로 비슷하다.

Ⅱ. 배경

1. 저자

바울이 황제에게 탄원한 후 60년경이나 61년에 무죄로 석방되자 아시아에 선교할 수 있는 길이 열리게 되었다. 이제 교회는 오순절 마가 다락방의 성령체험으로 시작한 첫 세대가 중심이 되던 시대가 지나고, 2세와 3세의 자녀들로 성장하게 되었다.

바울은 교회의 성장발전에 따라 조직의 필요성과 함께 생동적인 신앙이 사라지고, 형식화되기 시작한 교회생활의 문제도 해결해주어야 했다.

2. 목적

목회서신에서는 지연된 종말로 인해 교회가 꾸준히 존속해 나가고, 이단과 박해의 위협에 대처할 힘을 가져야만 했다. 이를 위해 기구와 조직이 필요하게 되었으며, 정통신조와 성직제도에 대한 가르침이 제시되었다. 바울은 에베소에서 목회하고 있는 디모데에게 이단적 교사들에 대한 대처방안과 교회질서를 이루기 위한 기구적 조직을 가르쳐주고 있다.

3. 디모데

루스드라에서 헬라인 부친과 유대인 모친 사이에서 태어나 유대교 신앙 안에서 자라났고, 어려서부터 구약성경을 익혔다. 바울의 제2차 선교여행 때부터 같이 다녔으며, 3년 동안 에베소 사역을 도왔다. 로마에서 바울의 첫 감옥생활 때 함께 있었으며 석방된 후에도 함께 동행하였다. 바울이 마케도니아의 교회들을 방문할 때 에베소에 남아 있다가 바울의 임종이 가까워져서 로마에서 합류하였다.

디모데는 조용하며 신중한 성격이었다. 그는 연소하다는 느낌을 주었고(딤전 4:12), 담대하지 못했으며(딤후 1:6-7), 위장병으로 고통을 겪었지만(딤전 5:23), 충성된 하나님의 목회자였다.

Ⅲ. 내용 개요

1. 문안과 교리적 교훈(딤전 1:1-20)

1) 바울은 안부를 묻자마자 신화와 끝없는 족보 이야기를 가르치는 율법교사들을 책망하기 시작한다. 이들은 믿음을 통해 구원 얻는 하나님의 뜻을 가르치기 보다는 율법을 제대로 이해하지도 못한 채 쓸데없는 토론이나 일삼고 있었다. 율법은 초등교사처럼 성숙한 신앙생활을 하지 못하는 자들을 다스리기 위해 있는 것이

다(딤전 1:9-10).

2) 바울이 복음전파의 직분을 얻게 된 것도 죄인을 구원하시는 하나님의 은혜로 말미암은 것인즉(딤전 1:15), 디모데도 이 복음의 토대 위에 굳게 서서 거짓된 교리와 싸울 것을 훈계하고 있다. 그들 중에는 타락한 자들도 있었다(딤전 1:18-20). 바울은 부활이 지나갔다고 주장함으로써(딤후 2:18) 미혹시키는 자들을 출교나 질병 등의 징계를 받게 하였다.

2. 교회생활(딤전 2:1-15)

1) 그리스도인은 왕과 모든 사람을 위해서 중보기도해야 하는 바, 이는 경건하고 단정하며 평안한 삶을 살기 위함이다(딤전 2:2). 그리스도 예수께서 하나님과 사람 사이의 유일한 중보이신 것처럼, 그리스도인은 모든 사람의 구원을 위해 중보기도를 할 것이며, 바울도 이방인을 위한 사도로 세움을 입었다.

2) 남자들은 어느 곳에서나 거룩한 손을 들어 기도에 힘쓰고, 여자들은 현숙함과 정절로 단장하여 순종하는 생활을 해야 할 것이다.

> 또 이와 같이 여자들도 단정하게 옷을 입으며 소박함과 정절로써 자기를 단장하고 땋은 머리와 금이나 진주나 값진 옷으로 하지 말고 오직 선행으로 하기를 원하노라 이것이 하나님을 경외한다 하는 자들에게 마땅한 것이니라(딤전 2:9-10).

3. 교회제직(딤전 3:1-16)

1) 교회에 여러 직위들이 생기고 교회의 직분을 존경받을 만한 것

으로 여겼기 때문에 제직들을 잘 관리하는 것이 중요한 일이었다.

2) 감독은 장로와 동일한 직분으로 중요한 교회의 사역자이며(딤전 3:1-7), 또한 집사도 이에 버금가는 중책이었다(딤전 3:8-13). 3장에는 그러한 제직의 자격이 제시되고, 목회서신을 기록한 목적과 기독론적 찬양시가 기록되어 있다.

> 이와 같이 집사들도 정중하고 일구이언을 하지 아니하고 술에 인박히지 아니하고 더러운 이를 탐하지 아니하고 깨끗한 양심에 믿음의 비밀을 가진 자라야 할지니(딤전 3:8-9).

4. 목회자에 대한 당부(딤전 4:1-6:19)

1) 이단에 대한 경계가 다시 한 번 언급되고 있어서 이단의 문제가 본서의 강조점임을 알 수 있다. 이단은 악령을 좇으며 믿음에서 떠났고, 양심이 화인 맞았으며 거짓말을 하고 금욕생활을 주장한다(딤전 4:1-5).

> 혼인을 금하고 어떤 음식물은 먹지 말라고 할 터이나 음식물은 하나님이 지으신 바니 믿는 자들과 진리를 아는 자들이 감사함으로 받을 것이니라(딤전 4:3).

2) 목회자는 경건을 훈련하여 선한 목자가 되어야 할 것이다(딤전 4:6-10). 또한 실생활과 믿음에 있어서 교인들의 모본이 되고 은사가 풍성하도록 전심전력을 기울여야 한다(딤전 4:14-15).

> 망령되고 허탄한 신화를 버리고 경건에 이르도록 네 자신을 연단하라 육체의 연단은 약간의 유익이 있으나 경건은 범사에 유익하니 금생과 내생에 약속이 있느니라(딤전 4:7-8).

3) 교회 안에 있는 각 계층의 사람들에 대해서 나이와 성별에 따라 합당한 예절로 대하고, 교회 안에 있는 참 과부를 잘 대우하며,

장로들을 존경하되 말씀과 가르치는 데 수고하는 이들을 대접할 것을 권면한다(딤전 5:1-6:2). 또한 종들은 상전을 공경하여 믿는 상전이라고 해서 가볍게 여기지 말라고 한다.

4) 바울은 또 다시 이단자들을 경계하고 있다. 그들은 예수 그리스도에 관한 참 교훈이 아닌 것을 가르치며 변론을 좋아하고 불의한 이익을 탐하지만, 참된 교사는 경건을 이익의 도구로 삼지 않는다.

> 마음이 부패하여지고 진리를 잃어 버려 경건을 이익의 방도로 생각하는 자들의 다툼이 일어나느니라 그러나 자족하는 마음이 있으면 경건은 큰 이익이 되느니라(딤전 6:5-6).

5) 하나님의 사람은 돈을 사랑하므로 생기는 모든 악을 피하고 경건한 삶을 위해 믿음의 선한 싸움을 싸워야 할 것이다(딤전 6:11-12). 마찬가지로 부자들도 재물에 소망을 두지 말고 선한 사업에 풍부하게 나눠주기를 좋아하며 동정하기를 힘쓸 것이다(딤전 6:18).

> 돈을 사랑함이 일만 악의 뿌리가 되나니 이것을 탐내는 자들은 미혹을 받아 믿음에서 떠나 많은 근심으로써 자기를 찔렀도다(딤전 6:10).

> 선을 행하고 선한 사업을 많이 하고 나누어 주기를 좋아하며 너그러운 자가 되게 하라(딤전 6:18).

5. 맺는말(딤전 6:20-21)

바울은 다시 한 번 거짓된 지식을 멀리 하라고 권고한다.

Ⅳ. 특징

1. 바울이 디모데에게 목회자의 삶에 대해 교훈한 내용들을 간추리면, "피하라(돈을 사랑함), 따르라(의와 경건, 믿음, 사랑, 인내, 온유), 싸우라(믿음의 선한 싸움), 지키라(말씀의 명령)"는 것이다(딤전 6:11,12,14).

2. 바울이 교회 안에서의 조직의 중요성을 디모데에게 '명령법'으로 말해주는 문장이 자주 나오고 있다(딤전 1:18; 4:6,12,16; 5:21; 6:11,20). 조직면에서 기도, 행정, 교리적인 문제가 포괄적으로 다뤄지고 있다.

디모데후서

그러나 너는 배우고 확신한 일에 거하라 너는 네가 누구에게서 배운 것을 알며 또 어려서부터 성경을 알았나니 성경은 능히 너로 하여금 그리스도 예수 안에 있는 믿음으로 말미암아 구원에 이르는 지혜가 있게 하느니라 모든 성경은 하나님의 감동으로 된 것으로 교훈과 책망과 바르게 함과 의로 교육하기에 유익하니 이는 하나님의 사람으로 온전하게 하며 모든 선한 일을 행할 능력을 갖추게 하려 함이라(딤후 3:14-17).

Ⅰ. 들어가는 말

바울이 서바나를 방문하고자 한 소망이 성취되었는지는 알 수 없다. 로마의 클레멘트는 바울이 서방 최극단에 이르러 통치자들 앞에서 체험적인 간증을 하였다고 말했다. 그 말을 바울의 서바나 선교의 증언으로 볼 수 있지만, 그가 서바나를 갔는지 확실한 것을 말해주지는 않는다.

만일 바울이 목회서신에 나타나 있는 진로대로 선교했다면 바울은 고린도와 밀레도(딤후 4:20), 드로아 등지에서 선교하다가 아마도 드로아에서 체포되었을 것이다. 에베소의 구리 세공업자 알렉산더(딤후 4:14; 행 19:33 참조)를 비롯한 사람들의 고소로 다시 체포되어 로마로 압송된 바울은 유죄 판결을 받았고 순교자로 이 세상을 떠나게 되었다. 바울은 드로아에 남겨 두었던 옷과 책을 후에 찾아올 생각이었지만(딤후 4:13), 그런 기회는 다시 오지 않았다. 그는 이 세상에서의 마지막이 가까이 오고 있음을 알고 있었다(딤후 4:6).

Ⅱ. 배경

1. 저자

바울은 다시 로마 감옥에 갇혀 최후를 기다리면서 디모데에게 두 번째 편지를 보냈다. 은퇴하는 세대를 대표하는 바울은 더 젊고 활력적인 후임 사역자들에게 복음전파와 목회사역의 책임을 위임하고 있다. 본 서신은 그들에게 보내는 마지막 메시지였다.

2. 주제

바울이 디모데에게 보내는 석별의 메시지는 하나님의 부르심을 마음에 새기고(딤후 1:9), 성경을 삶의 지침으로 삼고 살아가라는 것이다(딤후 3:15). 바울의 유언장은 성경이었다.

Ⅲ. 내용 개요

1. 문안과 감사와 권면(딤후 1:1-18)

1) 바울은 디모데의 거짓 없는 믿음을 확신하는데, 이는 외조모와 어머니로부터 물려받은 믿음의 유산이었다.

이는 네 속에 거짓이 없는 믿음이 있음을 생각함이라 이 믿음은 먼저 네 외조모 로이스와 네 어머니 유니게 속에 있더니 네 속에도 있는 줄을 확신하노라(딤후 1:5).

2) 바울은 디모데에게 두려움과 부끄러움을 버리고 담대하게 사역할 것을 권면한다. 그의 스승 바울은 감옥에 여러 번 갇힌 사람이었다. 그러나 복음에 대한 열정과 고결한 영성을 가진 바울을 아무 것도 막을 수 없었다.

그러므로 너는 내가 우리 주를 증언함과 또는 주를 위하여 갇힌 자 된 나를 부끄러워하지 말고 오직 하나님의 능력을 따라 복음과 함께 고난을 받으라(딤후 1:8).

3) 바울은 재투옥에도 그를 위로해준 사람을 축복한다.

원하건대 주께서 오네시보로의 집에 긍휼을 베푸시옵소서 그가 나를 자주 격려해 주고 내가 사슬에 매인 것을 부끄러워하지 아니하고 로마에 있을 때에 나를 부지런히 찾아와 만났음이라(딤후 1:16-17).

2. 현재적 교훈과 격려(딤후 2:1-26)

1) 전도자로서 바르게 살아가려면 좋은 군사와 경기하는 자, 수고하는 농부처럼 나중의 영광을 소망하면서 모든 것을 참아야 한다고 권면한다.

복음으로 말미암아 내가 죄인과 같이 매이는 데까지 고난을 받았으나 하나님의 말씀은 매이지 아니하니라 그러므로 내가 택함 받은 자들을 위하여 모든 것을 참음은 그들도 그리스도 예수 안에 있는 구원을 영원한 영광과 함께 받게 하려 함이라(딤후 2:9-10).

2) 바울은 이단자의 변론적 태도와 망령되고 헛된 말, 부활이 지나갔다는 등의 그릇된 가르침을 경계한다.

3) 사역자로 하나님께 귀하게 쓰임 받으려면 불의에서 떠나 의와 믿음과 사랑과 화평을 좇으라고 말씀한다(딤후 2:22). 마땅히 주의 종은 다투지 아니하고 온유하며 가르치기를 잘해야 할 것이다.

큰 집에는 금 그릇과 은 그릇뿐 아니라 나무 그릇과 질그릇도 있어 귀하게 쓰는 것도 있고 천하게 쓰는 것도 있나니 그러므로 누구든지 이런 것에서 자기를 깨끗하게 하면 귀히 쓰는 그릇이 되어 거룩하고 주인의 쓰심에 합당하며 모든 선한 일에 준비함이 되리라(딤후 2:20-21).

3. 미래의 전망(딤후 3:1-17)

1) 배교의 위험: 말세가 되면 사람들은 불경건하게 되고 온갖 악이 성행하게 될 것이다(딤후 3:1-9).

너는 이것을 알라 말세에 고통하는 때가 이르러 사람들이 자기를 사랑하며 돈을 사랑하며 자랑하며 교만하며 비방하며 부모를 거역하며 감사하지 아니하며 거룩하지 아니하며 무정하며 원통함을 풀지 아니하며 모함하며 절제하지 못하며 사나우며 선한 것을 좋아하지 아니하며 배신하며 조급하며 자만하며 쾌락을 사랑하기를 하나님 사랑하는 것보다 더하며 경건의 모양은 있으나 경건의 능력은 부인하니 이같은 자들에게서 네가 돌아서라(딤후 3:1-5).

2) 믿음의 삶

말세의 풍조에 물들지 않고 경건하게 살고자 하는 자는 핍박을 받을 것이지만(딤후 3:12), 하나님의 영감된 말씀인 성경을 통하여 거짓된 교훈에 빠지지 않고 온전하고 선한 일을 행하며 살아갈 수 있게 된다(딤후 3:14-17).

악한 사람들과 속이는 자들은 더욱 악하여져서 속이기도 하고 속기도 하나니 그러나 너는 배우고 확신한 일에 거하라 너는 네가 누구에게서 배운 것을 알며 또 어려서부터 성경을 알았나니 성경은 능히 너로 하여금 그리스도 예수 안에 있는 믿음으로 말미암아 구원에 이르는 지혜가 있게 하느니라(딤후 3:13-15).

4. 마지막 당부(딤후 4:1-8)

1) 끝으로 바울은 전도자로 열심히 살아갈 것을 교훈한다.

너는 말씀을 전파하라 때를 얻든지 못 얻든지 항상 힘쓰라 범사에 오래 참음과 가르침으로 경책하며 경계하며 권하라(딤후 4:2).

2) 바울은 자신의 삶이 얼마 남지 않았음을 상기시키며 하나님을 대망한다(딤후 4:6-8).

5. 맺는말(딤후 4:9-22)

1) 많은 사람이 떠나간 상황에서 바울은 디모데가 빨리 와주기를 부탁한다.

2) 그러나 사람은 떠나가도 주께서는 항상 힘을 주셨고, 앞으로도 모든 악한 일 가운데서 구원해 주실 것이다.

주께서 내 곁에 서서 나에게 힘을 주심은 나로 말미암아 선포된 말씀이 온전히 전파되어 모든 이방인이 듣게 하려 하심이니 내가 사자의 입에서 건짐을 받았느니라 주께서 나를 모든 악한 일에서 건져내시고 또 그의 천국에 들어가도록 구원하시리니 그에게 영광이 세세무궁토록 있을지어다 아멘(딤후 4:17-18).

Ⅳ. 특징

1. 체로금풍(體露金風)

겨울이 다가오면 나뭇잎들이 다 떨어져 나가고 몸체가 드러나듯이, 모든 사람들이 하나 둘씩 떨어져가고 오직 누가만 바울과 함께 있었다.

2. 이단의 활동이 많아지고 있을 때 교회를 지키도록 교훈하고 있다. 이처럼 목회서신뿐만 아니라 바울은 바울서신 전반에 걸쳐 이단에 대하여 각별하게 교훈하고 있다. 그는 율법주의에 대해 경고하고(갈라디아서), 육체의 부활을 믿지 않는 것을 책망하며(고린도전서), 철학적 이단 사상(골로새서)을 경계하고 있다.

3. 체계화된 신조와 그런 형태의 말이 자주 나타난다(딤후 1:10,13; 2:8; 3:16). 목회서신은 신앙을 분명한 말로 기록하기 시작한 교회들에게 보낸 것이다.

4. 조직으로서의 교회가 스스로를 성찰하기 시작했지만(딤전 3:15), 아직 성직자 계급이나 기계적인 조직이 만들어지지 않은 모습을 보여준다.

디도서

내가 너를 그레데에 남겨 둔 이유는 남은 일을 정리하고 내가 명한 대로 각 성에 장로들을 세우게 하려 함이니 책망할 것이 없고 한 아내의 남편이며 방탕하다는 비난을 받거나 불순종하는 일이 없는 믿는 자녀를 둔 자라야 할지라 감독은 하나님의 청지기로서 책망할 것이 없고 제 고집대로 하지 아니하며 급히 분내지 아니하며 술을 즐기지 아니하며 구타하지 아니하며 더러운 이득을 탐하지 아니하며 오직 나그네를 대접하며 선행을 좋아하며 신중하며 의로우며 거룩하며 절제하며 미쁜 말씀의 가르침을 그대로 지켜야 하리니 이는 능히 바른 교훈으로 권면하고 거슬러 말하는 자들을 책망하게 하려 함이라(딛 1:5-9).

Ⅰ. 들어가는 말

바울이 언제 그레데 섬에 체류했는가에 대해서 혹자는 로마로 끌려가다가 풍랑을 만나 그레데에 체류한 것이라고 하며(행 27:7-9), 혹자는 로마에 갇혔다가 풀려난 후에 그레데에 체류했을 것이라고 한다. 아마도 바울은 로마 감옥에서 풀려난 후 동방지역을 전도하던 중 그레데로 갔을 것이다.

바울은 그레데에 잠시 머물면서 교회를 설립하고 디도를 그곳에 남겨둠으로써 개척교회가 기반을 잡게 하였다. 젊은 디도에게 바울은 목회에 필요한 말씀을 써서 편지를 보냈다. 그후 바울은 다시 두기고를 보내 필요한 조치를 취하고 디도를 돌아오게 하였다(딛 3:12). 디도서는 시대적으로 볼 때 디모데전서 다음에 위치한다.

Ⅱ. 배경

1. 저자

그레데 교인들은 은혜의 복음을 들으며 구원이 근면하고 윤리적인 삶과는 아무런 관계가 없다는 생각을 가졌을지 모른다. 바울은 디도서를 쓰면서 그리스도인은 선한 행실을 가져야 한다는 것을 6번이나 강조하였다(딛 1:16; 2:7,14; 3:1,8,14). 그는 의로운 행위로 구원받는 것은 아니지만(딛 3:5), 반드시 선한 일을 힘써야 한다고 말한다.

2. 기록 목적

바울은 그레데 섬에서 목회하고 있던 디도에게 교회의 조직과 이단 대처에 유익한 권면을 하고 있다. 디모데전서와 같이 목회의 어려운 문제들을 해결하려고 애쓰는 후배 목회자를 위해 기록한 것이다. 구체적인 가르침도 많지만, 좋은 지도자를 세워 사역하는 것을 강조한다.

3. 그레데의 상황

그레데 사람들은 천성적으로 나태해서 여러 가지 윤리적인 문제를 야기했다. 교회가 조직되지도 않았으며, 남자들은 방종하고, 나이 많은 여자들은 말이 많고 술을 즐겼으며, 젊은 여자들은 게으르고 유희를 즐겼다.

그런 상황에서 그들은 경건하지 못하며, 순종치 않고, 분쟁을 일으키며, 더러운 이득을 취하는 부도덕한 상황이었다. 더구나 유대인 할례당에 의해 헛된 우화와 계명에 대한 논쟁이 빈번했다. 그들의 거짓된 가르침으로 가정들이 무너지는 피해가 나타났다.

4. 디도

디도는 안디옥 교회의 초기 개종자로 15년 이상이나 바울의 동역자요 제자로 일했다. 그는 할례받지 않은 이방인 신자들에게 증거를 삼기 위해 할례를 받기도 한 철저한 회심자였다. 그는 제3차 선교여행을 바울과 동행했으며(행 20:5), 바울이 부탁했던 연보를 모으기 위해 마케도니아의 여러 교회를 방문하였다. 그는 디모데보다 강한 성격을 가져서 반대자들을 잘 수습했던 것 같다(고후 7:6-16).

> 이로 말미암아 우리가 위로를 받았고 우리가 받은 위로 위에 디도의 기쁨으로 우리가 더욱 많이 기뻐함은 그의 마음이 너희 무리로 말미암아 안심함을 얻었음이라(고후 7:13).

Ⅲ. 내용 개요

1. 문안(딛 1:1-4)

같은 믿음을 따라 나의 참 아들 된 디도에게 편지하노니 하나님 아버지와 그리스도 예수 우리 구주로부터 은혜와 평강이 네게 있을지어다(딛 1:4).

2. 교회조직(딛 1:5-7)

1) 장로와 감독의 직분에 대해 언급하고 있는데, 아직 두 직분이 명확하게 구분되기 이전의 상태이다. 장로는 나이와 위엄에 초점을 두고, 감독은 직분에 초점을 두어 언급한 것으로 여겨진다.

2) 리더로서의 장로는 자녀에 대한 덕을 세울 수 있어야 한다.

책망할 것이 없고 한 아내의 남편이며 방탕하다는 비난을 받거나 불순종하는 일이 없는 믿는 자녀를 둔 자라야 할지라(딛 1:6).

3) 교회의 직분자로서의 감독은 하나님의 청지기로 사역해야 한다.

감독은 하나님의 청지기로서 책망할 것이 없고 제 고집대로 하지 아니하며 급히 분내지 아니하며 술을 즐기지 아니하며 구타하지 아니하며 더러운 이득을 탐하지 아니하며 오직 나그네를 대접하며 선행을 좋아하며 신중하며 의로우며 거룩하며 절제하며(딛 1:7-8).

교회의 건축, 리모델링 등 사업적인 일에 있어서 부당한 거래를 금지해야 한다.

3. 거짓된 교훈의 경계(딛 1:10-16)

1) 이단의 3대 특징: 사도의 가르침(복음의 진리)을 불순종하고,

열매 없는 헛된 말을 하며, 거짓 인도자로 속이는 자이다.

불순종하고 헛된 말을 하며 속이는 자가 많은 중 할례파 가운데 특히 그러하니(딛 1:10).

2) 이단은 진리를 전하는데 목적을 두지 않고, 진리를 빌미로 삼아 타인을 속이고 위협하여 이익을 취하는데 목적을 둔다.

그들의 입을 막을 것이라 이런 자들이 더러운 이득을 취하려고 마땅하지 아니한 것을 가르쳐 가정들을 온통 무너뜨리는도다(딛 1:11).

3) 그레데 사람들에 어떤 선지자의 비평: '어떤 선지자' 는 주전 6세기의 시인이며 그리스의 7대 현인 중의 하나인 '에피메니데스' (Epimenides)로 추정된다. 그는 그레데인들을 "거짓말쟁이, 악한 짐승, 배만 위하는 게으름뱅이"라고 한다.

4. 참된 교리적 교훈(딛 2:1-3:11)

1) 남녀노소와 종들에게 권면하고, 모든 그리스도인이 예수 그리스도의 구속의 은혜를 받은 것은 선한 일을 열심히 하는 친 백성이 되기 위함임을 언급한다.

그가 우리를 대신하여 자신을 주심은 모든 불법에서 우리를 속량하시고 우리를 깨끗하게 하사 선한 일을 열심히 하는 자기 백성이 되게 하려 하심이라(딛 2:14).

2) 성도는 기존의 권세에 복종할 것이다.

너는 그들로 하여금 통치자들과 권세 잡은 자들에게 복종하며 순종하며 모든 선한 일 행하기를 준비하게 하며(딛 3:1).

3) 그리스도인은 행위로 구원받은 것이 아니라, 하나님의 긍휼하심을 따라 중생의 씻음과 성령의 새롭게 하심으로 은혜를 받았

다.

우리를 구원하시되 우리가 행한 바 의로운 행위로 말미암지 아니하고 오직 그의 긍휼하심을 따라 중생의 씻음과 성령의 새롭게 하심으로 하셨나니(딛 3:5).

5. 맺는말(딛 3:12-15)

사도 바울은 몇 사람을 개인적으로 언급한 후 안부인사로 마감하고 있다.

Ⅳ. 특징

1. 교리의 체계가 디모데전서보다 더 강조되어 있다.

2. 하나님의 성품과 그의 사랑과 은혜의 특질이 나타난다.

우리 구주 하나님의 자비와 사람 사랑하심이 나타날 때에 우리를 구원하시되 우리가 행한 바 의로운 행위로 말미암지 아니하고 오직 그의 긍휼하심을 따라 중생의 씻음과 성령의 새롭게 하심으로 하셨나니(딛 3:4-5).

3. 그리스도의 대속으로 선한 일을 하는 백성이 된다.

복스러운 소망과 우리의 크신 하나님 구주 예수 그리스도의 영광이 나타나심을 기다리게 하셨으니 그가 우리를 대신하여 자신을 주심은 모든 불법에서 우리를 속량하시고 우리를 깨끗하게 하사 선한 일을 열심히 하는 자기 백성이 되게 하려 하심이라(딛 2:13-14).

4. 구원의 교리, 즉 보편성과 은혜와 믿음의 구원이 강조된다.

모든 사람에게 구원을 주시는 하나님의 은혜가 나타나 우리를 양육하시되 경건하지 않은 것과 이 세상 정욕을 다 버리고 신중함과 의로움과 경건함으로 이 세상에 살고(딛 2:11-12).

빌레몬서

이러므로 내가 그리스도 안에서 아주 담대하게 네게 마땅한 일로 명할 수도 있으나 도리어 사랑으로써 간구하노라 나이가 많은 나 바울은 지금 또 예수 그리스도를 위하여 갇힌 자 되어 갇힌 중에서 낳은 아들 오네시모를 위하여 네게 간구하노라 그가 전에는 네게 무익하였으나 이제는 나와 네게 유익하므로 네게 그를 돌려 보내노니 그는 내 심복이라 그를 내게 머물러 있게 하여 내 복음을 위하여 갇힌 중에서 네 대신 나를 섬기게 하고자 하나 다만 네 승낙이 없이는 내가 아무 것도 하기를 원하지 아니하노니 이는 너의 선한 일이 억지 같이 되지 아니하고 자의로 되게 하려 함이라 (몬 1:8-14).

Ⅰ. 들어가는 말

빌레몬서는 에베소서와 골로새서와 같은 시대와 상황에서 기록된 옥중서신이다. 고대 세계에서 노예는 주인의 재산으로 그의 생사가 주인에게 달려 있었다. 오네시모는 빌레몬의 노예로 살다가 큰 잘못을 하고 도망쳐나왔기 때문에 붙잡히면 생명이 위험한 것은 당연하였다. 그러므로 예수님을 믿었지만 여전히 불안한 가운데 살아가고 있는 오네시모를 바울이 용서해 달라고 편지를 쓰게 된 것이다.

Ⅱ. 배경

1. 저자

골로새의 사업가인 빌레몬의 종이었던 오네시모가 주인의 돈을 훔쳐 로마로 도망하였다. 그는 로마에서 바울을 만나 회심하고 예수님을 믿게 되었다. 바울은 오네시모가 저지른 잘못을 바로 잡아줄 필요성을 느끼고 오네시모를 주인에게 돌려보내고자 하였다. 그래서 바울은 편지에서 주인 빌레몬에게 오네시모를 용서해줄 것을 부탁하면서 재정적인 손해를 변상해주겠다고 약속하였다.

2. 기록 목적

예수님을 믿고 죄사함을 받으면 하나님 앞에서 법적으로 죄가 없는 의인이 된다. 하지만 죄를 용서받았다고 해서 이전의 모든 관계가 무조건 사라지고 새롭게 되는 것이 아니다. 하나님 앞에서 용서를 받았을지라도, 사람에게 잘못한 것은 사람에게 용서를 구하고 청산해야 좋은 관계로 회복되는 것이다.

바울은 빌레몬과의 친분과 그리스도 안에서의 권위로 오네시모를 용서하라고 빌레몬에게 권고하고 있다. 그런 행동은 예수님의 은혜로 하나님 앞에서 우리가 용서받는 것과 같다. 루터는 "우리는 다 오네시모들이다. 그러나 예수님의 중재로 아버지께로 돌아가야 할 오네시모다"라고 하였다.

Ⅲ. 내용 개요

1. 인사(몬 1:1-3)

빌레몬과 그의 아내 압비아와 아마도 그들의 아들인 아킵보와 그의 가정 교회 사람들에게 인사한다.

그리스도 예수를 위하여 갇힌 자 된 바울과 및 형제 디모데는 우리의 사랑을 받는 자요 동역자인 빌레몬과 자매 압비아와 우리와 함께 병사 된 아킵보와 네 집에 있는 교회에 편지하노니(몬 1:1-2).

2. 교제(몬 1:4-7)

바울은 감사와 기도로 성도들과 교제하고, 그들의 사랑으로 기쁨과 위로를 얻는다. 한 사람의 선행이 모두에게 희망을 준다.

이로써 네 믿음의 교제가 우리 가운데 있는 선을 알게 하고 그리스도께 이르도록 역사하느니라 형제여 성도들의 마음이 너로 말미암아 평안함을 얻었으니 내가 너의 사랑으로 많은 기쁨과 위로를 받았노라(몬 1:6-7).

3. 호소(몬 1:8-20)

1) 바울은 빌레몬에게 명령하지 않고 사랑을 인해서 오네시모에 대한 친절한 영접을 부탁하고 있다. 빌레몬과 오늘날 우리들은 그리스도를 위해서 포로가 된 나이 많은 사람이 사랑의 호소를 듣게 된다.

이러므로 내가 그리스도 안에서 아주 담대하게 네게 마땅한 일로 명할 수도 있으나 도리어 사랑으로써 간구하노라 나이가 많은 나 바울은 지금 또 예수 그리스도를 위하여 갇힌 자 되어(몬 1:8-9).

2) 바울은 감옥에 갇혔을 때 얻은 전도의 열매인 오네시모를 위해 간청한다. 그는 이전에는 무익한 사람이었으나, 예수 안에서 유익한 사람으로 변화되었다.

갇힌 중에서 낳은 아들 오네시모를 위하여 네게 간구하노라 그가 전에는 네게 무익하였으나 이제는 나와 네게 유익하므로(몬 1:10-11).

3) 바울은 빌레몬의 동의 없이 자기의 임무를 위해 오네시모를 데리고 있지 않기 위해 그를 돌려보낸다. '심복' 의 헬라어 스플랑크나(splavgcnon)는 문자적으로 내장이나 핵심을 의미하나, 본절에서는 마음(heart)을 뜻한다. "그는 내 마음이다."

네게 그를 돌려 보내노니 그는 내 심복이라 그를 내게 머물러 있게 하여 내 복음을 위하여 갇힌 중에서 네 대신 나를 섬기게 하고자 하나 다만 네 승낙이 없이는 내가 아무 것도 하기를 원하지 아니하노니 이는 너의 선한 일이 억지 같이 되지 아니하고 자의로 되게 하려 함이라(몬 1:12-14).

4) 오네시모는 빌레몬에게 종 이상의 사람이며, 형제로 둘 사람이다.

아마 그가 잠시 떠나게 된 것은 너로 하여금 그를 영원히 두게 함이리니 이 후로는 종과 같이 대하지 아니하고 종 이상으로 곧 사랑 받는 형제로 둘 자라 내게 특별히 그러하거든 하물며 육신과 주 안에서 상관된 네게랴(몬 1:15-16).

5) 바울은 친절한 영접을 부탁하고, 오네시모가 빌레몬에게 끼친 모든 손해를 변상해준다고 한다.

그러므로 네가 나를 동역자로 알진대 그를 영접하기를 내게 하듯 하고 그가 만일 네게 불의를 하였거나 네게 빚진 것이 있으면 그것을 내 앞으로 계산하라 나 바울이 친필로 쓰노니 내가 갚으려니와 네가 이 외에 네 자신이 내게 빚진 것은 내가 말하지 아니하노라(몬 1:17-19).

4. 맺는말(몬 1:21-25)

바울은 빌레몬을 신뢰하여 곧 다시 만나게 되기를 바라고, 그렇게 기도해주기를 원한다. 함께 있는 동역자들의 인사와 함께 그들을 축복하며 끝맺는다.

Ⅳ. 특징

1. 빌레몬서는 그리스도인의 용서의 요소를 모두 보여주는 편지이다.

1) 죄를 범함(11,18절): 불의한 오네시모

2) 긍휼(10절): 바울의 오네시모에 대한 긍휼

3) 중보(10,18-19절): 바울이 대신 빌레몬에게 간청함

4) 대속(18-19절): 바울이 대신 빚을 갚음

5) 은혜의 회복(15절): 오네시모가 빌레몬에게 머뭄

6) 관계의 향상(16절): 종 이상의 오네시모

2. 그리스도인의 노예에 대한 마음자세

1) 짧은 서신으로 별로 목회적이거나 신학적 관심도 없는 개인적 편지이다. 그러나 빌레몬서는 인간애과 신뢰에 가득찬 바울의 태도를 통해서 그리스도인의 사회생활이 어떠해야 하는가를 보여준다. 바울은 감옥에서조차 도망나온 노예인 오네시모를 돌보아 주고 그의 빚까지 책임지는 따뜻한 인간애를 보여준다.

2) 그리스도 안에서는 노예나 자유인이나 구별이 없이 한 형제이며 평등하지만, 평등한 인간이란 일차적으로 내면적, 영적 혁신이다.

3) 바울은 오네시모가 유익한 인물이었지만 그를 본래 주인인 빌레몬에게 돌려보냄으로써 기존의 사회질서를 개혁하려 하지 않고 수용하고 있다. 인간사회가 인종과 언어와 피부색과 상관없는 평등을 구현하기 위해 얼마나 발전해야 하고 오랜 시간이 필요할 것인가?

Part 4.

공동서신

히브리서

야고보서

베드로전 · 후서

요한일서

요한이서

요한삼서

유다서

히브리서

그러므로 형제들아 우리가 예수의 피를 힘입어 성소에 들어갈 담력을 얻었나니 그 길은 우리를 위하여 휘장 가운데로 열어 놓으신 새로운 살 길이요 휘장은 곧 그의 육체니라 또 하나님의 집 다스리는 큰 제사장이 계시매 우리가 마음에 뿌림을 받아 악한 양심으로부터 벗어나고 몸은 맑은 물로 씻음을 받았으니 참 마음과 온전한 믿음으로 하나님께 나아가자 또 약속하신 이는 미쁘시니 우리가 믿는 도리의 소망을 움직이지 말며 굳게 잡고 서로 돌아보아 사랑과 선행을 격려하며 모이기를 폐하는 어떤 사람들의 습관과 같이 하지 말고 오직 권하여 그 날이 가까움을 볼수록 더욱 그리하자(히 10:19-25).

I. 들어가는 말

유대교에서 출발한 그리스도인과 이방인에서 회심한 그리스도인과는 결코 가깝지 않은 차이가 있었다. 초기 기독교 30년 동안 그 둘 사이의 팽팽한 긴장은 이방 그리스도인의 급속한 성장으로 커져만 갔다.

유대인 그리스도인으로서는 율법과 너무 동떨어진 생활을 하는 이방인들과 똑같이 그리스도인으로 일컬어지는 것이 견딜 수 없었으며, 이방인 그리스도인들도 어느 정도 율법에 대한 준수가 필요하다고 여겼다. 또한 70년 예루살렘이 파괴됨으로써 유대인의 정체성이 상실되었을 때, 유대인들에게는 율법의 연구를 통하여 하나님을 찾으려는 율법주의적 성향이 더욱 강화되었다.

이제 기독교회는 율법에 대한 보다 분명한 지침을 제시해주지 않을 수 없게 되었다. 그들이 율법주의로 되돌아갈 것인가, 아니면 하나님이 예수님을 통해서 새로운 일을 행하셨다는 것을 선포할 것인가 하는 선택의 기로에 선 것이다.

히브리서는 이러한 난관에 대처하기 위해서 쓰였으며, 예수 그리스도 안에서의 하나님의 계시가 율법을 통해 주어진 계시보다 더 나은 것임을 분명하게 밝히고 있다.

Ⅱ. 배경

1. 저자

히브리서 기록자는 자신의 이름을 밝히지 않았고, 그를 알 수 있는 어떤 상황이나 신분도 드러내지 않았다. 다만 그는 신약의 어떤 저자들보다 고전 그리스 문학양식에 친숙한 사람이었으며, 예수님의 직계 제자가 아니었다(히 2:3)는 것을 보여준다. 그는 구약에 정통한 사람이었으며, 70인역을 사용하는 유대인이었다.

그는 디모데의 친구였으므로 바울 계통에 속한 사역자였을 것이다(히 13:23). 그는 의인은 그 믿음으로 말미암아 산다는 말씀을 인용하고 있다(롬 1:17; 갈 3:11).

알렉산드리아의 클레멘트는 바울이 이 서신을 히브리어로 쓰고, 누가가 헬라어로 번역했다고 했다. 오리겐은 "만일 어떤 교회가 이 서신의 저자가 바울이라고 생각한다면 그렇게 가르치도록 하자. 그러나 실제로 누가 이 서신을 저술했는지는 하나님만이 아실 것이다." 라고 말했다. 구약성경에 대한 방대한 해석과 긍정적 평가가 수반되어 있는 것을 고려할 때, 바나바나 아볼로가 기록한 것으로 여기기도 한다. 헤이스(D.A. Hayes)는 저자가 불확실할지라도 이 서신이 성령의 감동으로 기록된 것에 대해서는 논쟁의 여지가 없다고 하였다.

2. 수신자

히브리서는 정확한 수신자를 언급하지 않고 있으며, 가장 오래된 사본에는 다만 '히브리인에게' 라는 제목이 붙어있다. 수신자들은 구약성경, 그리고 구약의 제사제도에 대해 철저한 교육을 받은 사람들이었다. 또한 그들은 복음에 익숙한 사람들로 그들의 믿음에 대한 박해를 견디고 있는 충성된 신자들이었다. 그들은 다른 교회를 지원하기도 했으므로 예루살렘 교회는 아닐 것이다(히 6:10).

3. 기록시기

이 서신은 기독교의 제2세대 동안에 기록된 것이며(히 2:1-4),

수신자들이 개종한지 상당한 기간이 지난 후에 쓰인 것이다(히 5:12). 그들을 처음 신앙으로 인도한 자들은 죽었으며(히 13:7), 디모데가 한때 투옥되었으나 풀려났다(히 13:23). 로마의 도미티안 황제 시기인 80-90년 사이에 기록되었을 것이다.

Ⅲ. 내용 개요

1. 하나님의 아들이시며 인간이신 예수(히 1:1-3:6)

1) 예수님은 하나님의 영광의 광채시요 그 본체의 형상이시다(히 1:3). 그를 통해 만물이 창조되었고 보존된다. 그러므로 예수님은 천사보다 뛰어나신 분으로 하나님의 아들이시다(히 1:5-14).

> 이는 하나님의 영광의 광채시요 그 본체의 형상이시라 그의 능력의 말씀으로 만물을 붙드시며 죄를 정결하게 하는 일을 하시고 높은 곳에 계신 지극히 크신 이의 우편에 앉으셨느니라(히 1:3).

2) 예수님은 잠시 천사보다 낮아지셨고(히 2:9), 혈육 있는 인간의 모양을 입으셨다(히 2:14). 인간이 되신 것은 백성을 구하시는 대제사장으로서 고난을 당하심으로 시험받는 자들을 구원하기 위함이었다. 본질상 모세보다 뛰어나신 분인 것은 모세는 하나님 집의 사환에 불과하지만 그리스도는 그의 아들이시기 때문이다(히 3:1-6).

> 그리스도는 하나님의 집을 맡은 아들로서 그와 같이 하셨으니 우리가 소망의 확신과 자랑을 끝까지 굳게 잡고 있으면 우리는 그의 집이라(히 3:6).

2. 그리스도에 대한 순종 권면(히 3:7-4:13)

1) 시편 95편처럼 이스라엘 백성들이 불순종으로 안식에 들어가지 못했다.

오직 오늘이라 일컫는 동안에 매일 피차 권면하여 너희 중에 누구든지 죄의 유혹으로 완고하게 되지 않도록 하라(히 3:13).

2) 그리스도인들은 불순종하지 말고 영원한 안식에 들어가야 할 것이다.

그러므로 우리는 두려워할지니 그의 안식에 들어갈 약속이 남아 있을지라도 너희 중에는 혹 이르지 못할 자가 있을까 함이라 그들과 같이 우리도 복음 전함을 받은 자이나 들은 바 그 말씀이 그들에게 유익하지 못한 것은 듣는 자가 믿음과 결부시키지 아니함이라(히 4:1-2).

3. 대제사장이신 예수(히 4:14-5:10)

1) 예수님은 우리의 연약함을 체험하신 대제사장이므로 은혜를 베풀어 주신다.

그가 무식하고 미혹된 자를 능히 용납할 수 있는 것은 자기도 연약에 휩싸여 있음이라(히 5:2).

2) 예수님은 아론 계열이 아닌 멜기세덱의 반차를 좇아 대제사장이 되셨다.

하나님께 멜기세덱의 반차를 따른 대제사장이라 칭하심을 받으셨느니라(히 5:10).

4. 완전한 대제사장을 좇는 신앙인의 자세(히 5:11-6:20)

1) 멜기세덱의 반차를 좇아 완전하고 위대하고 영원한 대제사장이신 예수를 신앙하는 자는 마찬가지로 초보적 원리와 젖을 먹

는 교리를 넘어서서(히 5:12-13), 성숙한 예수 그리스도의 믿음의 도리로 나아가야 할 것이다.

그러므로 우리가 그리스도의 도의 초보를 버리고 죽은 행실을 회개함과 하나님께 대한 신앙과 침례들과 안수와 죽은 자의 부활과 영원한 심판에 관한 교훈의 터를 다시 닦지 말고 완전한 데로 나아갈지니라(히 6:1-2).

2) 그러한 믿음으로 시작하였으면 끝까지 게으르지 않고 오래 참음으로 전진해야 할 것이다. 아브라함도 하나님의 약속을 받은 후 오래 참음으로 먼 훗날에 가서야 성취함을 얻게 되었다.

이르시되 내가 반드시 너에게 복 주고 복 주며 너를 번성하게 하고 번성하게 하리라 하셨더니 그가 이같이 오래 참아 약속을 받았느니라(히 6:14-15).

5. 대제사장이신 예수님의 사역(히 7:1-10:18)

1) 멜기세덱은 영원히 있어 하나님의 아들과 방불하며 레위계열 제사장보다 훨씬 뛰어나다. 대제사장의 직분에는 새로운 법이 수반되는 것처럼 예수님의 멜기세덱 반차를 따른 제사장 직분은 보다 좋은 언약의 보증이 되었다. 레위인의 제사직 제도는 그리스도를 통하여 폐지되었다(히 7:11-24). 예수님을 통해 하나님께 나가는 길이 완성되었다.

그러므로 자기를 힘입어 하나님께 나아가는 자들을 온전히 구원하실 수 있으니 이는 그가 항상 살아 계셔서 그들을 위하여 간구하심이라(히 7:25).

2) 예수 그리스도는 새 언약의 대제사장으로(렘 31:31-34), 하늘의 참 장막에서 직무를 수행하신다(히 8:1-13).

3) 예전에는 대제사장이 일 년에 한 차례 지성소에 들어가 염소와 송아지의 피를 드렸지만, 예수님은 자신의 피로 단번에 드리셨

다(히 9:23-28). 그 피가 우리 그리스도인의 양심을 깨끗하게 하여 죽은 행실에서 떠나 살아계신 하나님을 섬기게 하는 것이다.

> 하물며 영원하신 성령으로 말미암아 흠 없는 자기를 하나님께 드린 그리스도의 피가 어찌 너희 양심을 죽은 행실에서 깨끗하게 하고 살아 계신 하나님을 섬기게 하지 못하겠느냐(히 9:14).

4) 그리스도의 흘리신 보혈의 제사는 유일회적인 사건이다. 율법에 의해 반복적으로 드리는 제사는 좋은 일의 그림자요 참 형상이 아니지만(히 10:1), 예수 그리스도의 몸으로 참 제사가 드려진 것이다. 이제 그리스도는 하나님 우편에 앉아 계셔서 자기 원수들로 자기 발등상이 되게 하실 때까지 기다리신다.

> 오직 그리스도는 죄를 위하여 한 영원한 제사를 드리시고 하나님 우편에 앉으사 그 후에 자기 원수들을 자기 발등상이 되게 하실 때까지 기다리시나니(히 10:12-13).

6. 열린 휘장 가운데 전진하는 믿음(히 10:19-39)

그리스도인은 하나님의 존전인 지성소로 들어갈 담력을 예수 그리스도의 피를 통하여 얻었은즉(히 10:19-20), 확고한 믿음으로 전진해야 할 것이며(히 10:22), 결코 믿음을 잃어버리고 뒤로 물러서지 말아야 할 것이다(히 10:32-39).

> 그러므로 형제들아 우리가 예수의 피를 힘입어 성소에 들어갈 담력을 얻었나니 그 길은 우리를 위하여 휘장 가운데로 열어 놓으신 새로운 살 길이요 휘장은 곧 그의 육체니라(히 10:19-20).

7. 선진들의 신앙의 역사(히 11:1-40)

믿음은 바라는 것들의 실상이요 보이지 않는 것들의 증거이다(히 11:1). 수많은 믿음의 선진들이 믿음으로 살아가면서 이 세상의 부귀영화를 뜬 구름처럼 여기기도 하고, 극심한 고난과 박해 속에서도 절개를 굽히지 않았다. 그러나 이들의 믿음은 예수 그리스도의 구속으로 말미암아 완성되는 것이다(히 11:40).

믿음이 없이는 하나님을 기쁘시게 하지 못하나니 하나님께 나아가는 자는 반드시 그가 계신 것과 또한 그가 자기를 찾는 자들에게 상 주시는 이심을 믿어야 할지니라(히 11:6).

8. 믿음의 창시자요 완성자이신 예수(히 12:1-13:17)

1) 예수님은 우리의 바라볼 목표이다(히 12:2). 그분을 통하여 우리는 낙심치 않고 용기와 희망을 가지고 죄와 싸워 나갈 수 있다.

믿음의 주요 또 온전하게 하시는 이인 예수를 바라보자 그는 그 앞에 있는 기쁨을 위하여 십자가를 참으사 부끄러움을 개의치 아니하시더니 하나님 보좌 우편에 앉으셨느니라 너희가 피곤하여 낙심하지 않기 위하여 죄인들이 이같이 자기에게 거역한 일을 참으신 이를 생각하라(히 12:2-3).

2) 그리스도인들은 마땅히 모든 사람과 더불어 화평함과 거룩함을 좇아가고, 손님 대접에 힘쓰며, 음행을 멀리하고, 돈을 사랑치 않으며, 은혜의 예수님을 찬양하며 살아야 할 것이다. 예수님 안에서 새로운 제사를 드리자!

돈을 사랑하지 말고 있는 바를 족한 줄로 알라 그가 친히 말씀하시기를 내가 결코 너희를 버리지 아니하고 너희를 떠나지 아니하리라 하셨느니라 그러므로 우리가 담대히 말하되 주는 나를 돕는 이시니 내가 무서워하지 아니하겠노라 사람이 내게 어찌하리요 하노라(히 13:5-6).

9. 맺는말(히 13:18-25)

기도의 부탁과 축도, 마지막 인사로 끝맺는다.

Ⅳ. 특징

1. 히브리서는 인간이 거룩하신 하나님께 나아갈 수 있는 길이 예수 그리스도임을 천명한다.

2. 히브리서는 예수 그리스도의 우월성(히 1:1-4:13), 그리스도로 말미암아 지성소에 이르는 길이 완성됨(히 4:4-10:18), 그리스도에 대한 믿음을 굳게 잡고 지성소에 들어가도록 권면함(히 10:19-13:17) 등의 삼중구조로 구성되었다.

야고보서

아아 허탄한 사람아 행함이 없는 믿음이 헛것인 줄을 알고자 하느냐 우리 조상 아브라함이 그 아들 이삭을 제단에 바칠 때에 행함으로 의롭다 하심을 받은 것이 아니냐 네가 보거니와 믿음이 그의 행함과 함께 일하고 행함으로 믿음이 온전하게 되었느니라 이에 성경에 이른 바 아브라함이 하나님을 믿으니 이것을 의로 여기셨다는 말씀이 이루어졌고 그는 하나님의 벗이라 칭함을 받았나니 이로 보건대 사람이 행함으로 의롭다 하심을 받고 믿음으로만은 아니니라 또 이와 같이 기생 라합이 사자들을 접대하여 다른 길로 나가게 할 때에 행함으로 의롭다 하심을 받은 것이 아니냐 영혼 없는 몸이 죽은 것 같이 행함이 없는 믿음은 죽은 것이니라(약 2:20-26).

Ⅰ. 들어가는 말

야고보서와 베드로전후서, 유다서, 요한1,2,3서를 공동서신(thc Catholic Epistles)이라고 하는데, 이들 편지들은 어느 특정한 교회나 개인에게 보내진 것이 아니라 교회 일반에 보내졌기 때문이다. 그래서 이 서신들을 일반서신(the General Epistles)이라고 부르기도 한다.

Ⅱ. 배경

1. 저자

주 예수의 동생 야고보가 사방에 흩어져 있던 유대인들에게 쓴 서신으로 신자의 선한 행위를 강조하기 위한 목적으로 기록되었다. 야고보는 예수님의 생애 동안 불신자였으나, 부활의 목격자가 되었으며(고전 15:7), 오순절 성령강림 때에 성령충만을 받은 사람이 되었다(행 1:14).

2. 주제

교인들에게 실천을 강조한 서신(약 2:14-26)으로 선을 행할 줄 알면서 행치 않은 것이 죄(약 4:17)라고 한다. 야고보서에는 기독론의 결여와 윤리에 대한 지나친 강조 등이 나타나는 것을 볼 때 유대교의 영향이 많이 남아있고 본격적으로 기독교의 신앙운동이 진행되기 이전에 기록되었음을 알 수 있다.

그러므로 사람이 선을 행할 줄 알고도 행하지 아니하면 죄니라(약 4:17).

Ⅲ. 내용 개요

1. 인사

하나님과 주 예수 그리스도의 종 야고보는 흩어져 있는 열두 지파에게 문안하노라(약 1:1).

2. 시험에 대한 교훈(약 1:2-18)

1) 시험을 당하면 기뻐해야 하는 것은 첫째로 시험을 만날 때 하나님께 구하면 해결할 지혜를 주시기 때문이다.

너희 중에 누구든지 지혜가 부족하거든 모든 사람에게 후히 주시고 꾸짖지 아니하시는 하나님께 구하라 그리하면 주시리라(약 1:5)

2) 둘째로 시험을 견디고 이기는 자에게는 생명의 면류관이 주어지기 때문이다.

시험을 참는 자는 복이 있나니 이는 시련을 견디어 낸 자가 주께서 자기를 사랑하는 자들에게 약속하신 생명의 면류관을 얻을 것이기 때문이라(약 1:12).

3. 행함 있는 믿음을 강조(약 1:19-2:26)

1) 하나님의 말씀을 듣는 것이 중요한 것이 아니라 듣고 행하는 것이 중요하다. 포도원에 큰 아들은 간다고 하고 가지 않았으나 둘째 아들은 안간다고 했으나 가서 일했다.

2) 하나님 앞에서의 경건은 말을 조심하고 자기 마음을 속이지 않으며, 고아와 과부를 돌아보고, 세속에 물들지 아니하는 것이다. 참된 경건은 신속에서 이뤄지는 것이 아니라 구세와 선행 가운데 이뤄진다.

하나님 아버지 앞에서 정결하고 더러움이 없는 경건은 곧 고아와 과부를 그 환난중에 돌보고 또 자기를 지켜 세속에 물들지 아니하는 그것이니라(약 1:27).

3) 외모로 사람을 차별하지 않고 사랑으로 대하는 것이 말로만 믿지 않고 행함으로 믿는 표증이 된다. 행함이 없는 믿음은 그 자

체가 죽은 것이다.

우리 조상 아브라함이 그 아들 이삭을 제단에 바칠 때에 행함으로 의롭다 하심을 받은 것이 아니냐 네가 보거니와 믿음이 그의 행함과 함께 일하고 행함으로 믿음이 온전하게 되었느니라(약 2:21-22).

4. 말과 지혜에 대한 권면(약 3:1-18)

1) 말에 실수가 없는 사람이 온전한 사람이다. 재갈이 말을 제어하고, 작은 키가 배를 움직이며, 작은 불이 많은 나무를 태우듯이 혀가 온 몸을 주관하므로 혀를 잘 다스려야 할 것이다. 설교는 생명을 토하고, 용은 불을 토한다.

혀는 곧 불이요 불의의 세계라 혀는 우리 지체 중에서 온 몸을 더럽히고 삶의 수레바퀴를 불사르나니 그 사르는 것이 지옥 불에서 나느니라(약 3:6).

2) 시기와 다툼이 일어나는 지혜는 참된 지혜가 아닌 세상적, 정욕적, 마귀적 지혜이다. 위로부터 오는 지혜는 성결함과 화평함이 넘쳐난다.

오직 위로부터 난 지혜는 첫째 성결하고 다음에 화평하고 관용하고 양순하며 긍휼과 선한 열매가 가득하고 편견과 거짓이 없나니 화평하게 하는 자들은 화평으로 심어 의의 열매를 거두느니라(약 3:17-18).

5. 실천적 교훈들(약 4:1-5:20)

1) 특별한 구조를 갖지 않고 짤막짤막한 교훈들로 모아져 있는 이 부분에서는 탐욕으로 인한 싸움과 분쟁을 경계한다.

너희는 욕심을 내어도 얻지 못하여 살인하며 시기하여도 능히 취하지 못하므로 다투고 싸우는도다 너희가 얻지 못함은 구하지 아니하기 때문이요 구하여도 받지 못함은 정욕으로 쓰려고 잘못 구하기 때문이라(약 4:2-3).

2) 피차 비방하지 말 것과 자신의 뜻이 아닌 주님의 뜻을 좇아 미래를 계획하라고 말씀한다.

입법자와 재판관은 오직 한 분이시니 능히 구원하기도 하시며 멸하기도 하시느니라 너는 누구이기에 이웃을 판단하느냐(약 4:12).

3) 부자들은 사치와 연락에 빠지지 말고 억울한 사람이 없게 행할 것이며, 세상의 고난을 주님의 재림을 기다림으로써 견디고, 헛된 맹세를 하지 말아야 할 것이다.

너희 금과 은은 녹이 슬었으니 이 녹이 너희에게 증거가 되며 불 같이 너희 살을 먹으리라 너희가 말세에 재물을 쌓았도다 보라 너희 밭에서 추수한 품꾼에게 주지 아니한 삯이 소리 지르며 그 추수한 자의 우는 소리가 만군의 주의 귀에 들렸느니라(약 5:3-4).

4) 믿음으로 기도에 힘쓰고, 미혹된 자에게도 관심을 기울여야 할 것이다.

믿음의 기도는 병든 자를 구원하리니 주께서 그를 일으키시리라 혹시 죄를 범하였을지라도 사하심을 받으리라 그러므로 너희 죄를 서로 고백하며 병이 낫기를 위하여 서로 기도하라 의인의 간구는 역사하는 힘이 큼이니라(약 5:15-16).

Ⅳ. 특징

1. 오직 믿음으로 구원을 받는다는 이신득의를 강조한 종교개혁가 마르틴 루터는 야고보서를 지푸라기 서신이라고 평가절하했다.

2. 야고보서는 행함을 강조하기 때문에 이신득의의 가르침과 위배

되는 것으로 보이지만, 실제로 믿음을 가진 척하는 위선에 대해 공격한 책이다.

어떤 사람은 말하기를 너는 믿음이 있고 나는 행함이 있으니 행함이 없는 네 믿음을 내게 보이라 나는 행함으로 내 믿음을 네게 보이리라 하리라(약 2:18).

3. 야고보서는 믿음의 중요성을 부정하는 것이 아니라, 믿음은 결과를 산출해야 한다는 것을 강조하고 있다.

베드로전서

또 너희가 열심으로 선을 행하면 누가 너희를 해하리요 그러나 의를 위하여 고난을 받으면 복 있는 자니 그들이 두려워하는 것을 두려워하지 말며 근심하지 말고 너희 마음에 그리스도를 주로 삼아 거룩하게 하고 너희 속에 있는 소망에 관한 이유를 묻는 자에게는 대답할 것을 항상 준비하되 온유와 두려움으로 하고 선한 양심을 가지라 이는 그리스도 안에 있는 너희의 선행을 욕하는 자들로 그 비방하는 일에 부끄러움을 당하게 하려 함이라 선을 행함으로 고난 받는 것이 하나님의 뜻일진대 악을 행함으로 고난 받는 것보다 나으니라(벧전 3:13-17).

Ⅰ. 들어가는 말

기독교회는 본래 영적 운동으로 당시 로마 제국의 정치적 상황과 직접 부딪히지 않았다. 예수님은 가이사의 것은 가이사에게, 하나님의 것은 하나님께 바치라고 말씀하신 것이다. 그러나 기독교가 왕성하게 성장하고 확산됨에 따라 로마 정부에 의해 인정반던 유대교와 다르다고 인식되었고, 부활과 종말의 가르침이 많은 오해와 미움을 야기시켰다.

마침내 로마제국의 핍박이 시작되어 네로를 비롯한 여러 황제들이 기독교를 박해하기 시작하였다. 소아시아의 여러 교회들이 그러한 고난의 상황을 어떻게 대처해나가야 할 것인지 베드로전서에서 말해주고 있다. 베드로가 과거에 겪은 고난의 경험이 그들에게 위로와 힘을 주는 것이다.

Ⅱ. 배경

1. 저자

베드로전서의 저자인 베드로는 본래 시몬이었으나 예수님께서 충동적이고 우유부단한 성격이 반석 같이 변할 것을 예언적으로 선포하여 지어준 이름이다. 그는 지도력이 있었으며(막 8:29; 10:28; 요 6:67-68), 예수님과 항상 같이 다니는 특권을 누렸다. 오순절 성령 강림 이후 베드로는 지도자로 활동하였으며, 사도 바울처럼 광범위한 선교활동을 하였다. 그는 네로의 핍박을 받아 로마에서 거꾸로 십자가에 못박혀 순교하였다.

2. 수신자

베드로는 소아시아의 여러 지역들인 본도와 갈라디아, 갑바도기아, 아시아, 비두니아 등지에 흩어져 살던 그리스도인들에게 핍박 중에서도 산 소망을 견지할 것을 권면하는 서신을 보냈다. 이들 지역은 바울이 복음을 전하려 했을 때 허락되지 않거나 활발하게 전하지 못했던 곳들이다. 베드로가 이들 지역에 교회를 세웠다는 분명한 기록은 없지만, 직접 전했거나 간접적으로 영향을 끼쳤을 가능성이 많다. 그들은 디아스포라 유대인들과 개종한 이방인들이었을 것이다.

3. 기록 장소

베드로전서는 바벨론에서 기록되었다(벧전 5:13). 바벨론이 어디를 가리키는가에 대해서는, 첫째로 실제 메소포타미아의 바벨론으로 베드로가 선교하여 교회를 세운 곳이라는 견해로 가능성이 없는 것은 아니다. 둘째로 이집트의 마을 이름이라는 견해이다. 셋째 로마에 대한 은유적 표현으로 메소포타미아의 바벨론에 대한 악한 이미지를 로마에 적용할 때 사용하던 이름이다.

세 번째 의미로써 바벨론을 사용했을 가능성이 가장 큰 이유는 베드로가 편지를 쓸 때 함께 있었던 요한과 마가는 로마 감옥에 갇혀 있던 바울과 함께 로마에 있었다(골 4:10). 교부들은 한결같이 베드로가 만년에 로마에 있었다고 전한다.

4. 주제

첫째는 고난의 구세로 박해받는 신자들에게 어떠한 고난에도 불구하고 영원한 영광에 대한 산 소망을 갖게 해주려고 한다(벧전 4:12-16). 또한 하나님의 참된 은혜라는 주제를 통하여 고난은 은혜로 극복되어져야 한다는 것을 강조한다(벧전 5:12).

Ⅲ. 내용 개요

1. 인사와 찬송(벧전 1:1-12)

문안 인사를 나눈 후 예수 그리스도를 믿음으로 말미암아 얻게 되는 구원의 소망을 주심을 찬송한다.

> 예수를 너희가 보지 못하였으나 사랑하는도다 이제도 보지 못하나 믿고 말할 수 없는 영광스러운 즐거움으로 기뻐하니 믿음의 결국 곧 영혼의 구원을 받음이라(벧전 1:8-9).

2. 거룩한 삶을 권면(벧전 1:13-2:10)

1) 믿음으로 구원을 얻었은즉 하나님의 거룩하심처럼 거룩한 생활을 해야 할 것이다. 이는 그리스도인의 구속이 흠 없고 점 없는 어린 양 같은 그리스도의 보배로운 피로 된 것이기 때문이다.

> 너희가 알거니와 너희 조상이 물려 준 헛된 행실에서 대속함을 받은 것은 은이나 금 같이 없어질 것으로 된 것이 아니요 오직 흠 없고 점 없는 어린 양 같은 그리스도의 보배로운 피로 된 것이니라(벧전 1:18-19).

2) 마음으로 뜨겁게 형제를 사랑하고, 악을 버리고 믿음 가운데 살아가려는 긍지와 자부심을 가져야 한다.

> 그러나 너희는 택하신 족속이요 왕 같은 제사장들이요 거룩한 나라요 그의 소유가 된 백성이니 이는 너희를 어두운 데서 불러 내어 그의 기이한 빛에 들어가게 하신 이의 아름다운 덕을 선포하게 하려 하심이라(벧전 2:9).

3. 사회생활에 대한 권면(벧전 2:11-3:12)

1) 세상에 대하여: 그리스도인들은 이방 불신자들 가운데 덕을

세우며 살아간다.

2) 국가에 대하여: 인간에 세운 모든 제도와 권위에 복종해야 한다.

인간의 모든 제도를 주를 위하여 순종하되 혹은 위에 있는 왕이나 혹은 그가 악행하는 자를 징벌하고 선행하는 자를 포상하기 위하여 보낸 총독에게 하라(벧전 2:13-14).

3) 사회에 대하여: 종들은 주인에게 순복하고 애매하게 고난을 받을지라도 그리스도를 생각하여 인내할 것이다. 주께서 채찍에 맞으심으로 우리가 나음을 입은 것 같이(벧전 2:24), 선을 행하다가 고난을 받는 것은 하나님 앞에 아름다운 것이다.

4) 가족에 대하여: 아내들은 남편에게 순복하고 내면으로 단장하며, 남편은 아내를 귀하게 여길 것이며 서로서로 사랑할 것이다.

남편들아 이와 같이 지식을 따라 너희 아내와 동거하고 그를 더 연약한 그릇이요 또 생명의 은혜를 함께 이어받을 자로 알아 귀히 여기라 이는 너희 기도가 막히지 아니하게 하려 함이라(벧전 3:7).

4. 고난을 극복하는 마음자세(벧전 3:13-5:11)

1) 의와 고난: 의를 행하다가 고난을 받으면 복이 있다. 그리스도께서도 고난을 받으사 우리를 하나님 앞으로 인도하셨으므로, 이를 본받아 육체의 악을 버리고 이방인의 핍박을 견뎌야 할 것이다.

선한 양심을 가지라 이는 그리스도 안에 있는 너희의 선행을 욕하는 자들로 그 비방하는 일에 부끄러움을 당하게 하려 함이라 선을 행함으로 고난 받는 것이 하나님의 뜻일진대 악을 행함으로 고난 받는 것보다 나으니라(벧전 3:16-17).

역사적으로 볼 때 앞으로 수백년 박해가 계속될 것이므로 고난

속에서 낳고 죽는 사람들이 많을 것이다. 그러므로 고난이 있느냐 없느냐로 괴로워하지 말고, 나의 삶이 선하냐 아니냐로 고민해야 한다.

2) 종말과 고난: 종말이 가까울수록 더욱 마음을 가다듬고 근신하여 기도하고, 불 시험이 다가와도 그리스도의 고난에 참여하는 것으로 즐거워할 것이다.

사랑하는 자들아 너희를 연단하려고 오는 불 시험을 이상한 일 당하는 것 같이 이상히 여기지 말고 오히려 너희가 그리스도의 고난에 참여하는 것으로 즐거워하라 이는 그의 영광을 나타내실 때에 너희로 즐거워하고 기뻐하게 하려 함이라(벧전 4:12-13).

3) 사역과 고난: 고난 때의 사역자들은 양 무리의 본이 되는 삶을 살아가야 한다.

맡은 자들에게 주장하는 자세를 하지 말고 양 무리의 본이 되라(벧전 5:3).

4) 젊은이와 고난: 젊은이들은 장로들에게 순복하고 겸손해야 할 것이며, 근신하고 깨어 마귀를 대적하고, 하나님을 신뢰함으로 담대해야 한다.

근신하라 깨어라 너희 대적 마귀가 우는 사자 같이 두루 다니며 삼킬 자를 찾나니 너희는 믿음을 굳건하게 하여 그를 대적하라 이는 세상에 있는 너희 형제들도 동일한 고난을 당하는 줄을 앎이라(벧전 5:8-9).

5. 결론적 인사(벧전 5:12-14)

택하심을 함께 받은 바벨론에 있는 교회가 너희에게 문안하고 내 아들 마가도 그리하느니라(벧전 5:13).

Ⅳ. 특징

1. 그리스도와 함께 고난을 겪은 베드로의 체험이 임박한 핍박으로 인해 위기에 처한 성도들에게 유익한 권면으로 나타나고 있다. 그는 예수님의 죽음에 따른 실패와 절망에서 부활로 인한 희망과 재소명을 체험한 것이다.

2. 명령형의 말씀, 즉 근신하라, 거룩하라, 서로 사랑하라, 순복하라, 공경하라, 겸손하라, 깨어라, 악을 대적하라 등이 계속되고 있어 베드로의 성품이 그리스도의 부활과 성령충만을 통해서 더욱 강하고 더욱 훌륭하게 변화된 것을 보여준다. 예를 들면 예수님께서 발을 씻겨 주셨던 경험을 한 베드로는(요 13:4-7) '겸손하라'고 힘 있게 권면한다(벧전 5:5-6).

베드로후서

이 사람들은 물 없는 샘이요 광풍에 밀려 가는 안개니 그들을 위하여 캄캄한 어둠이 예비되어 있나니 그들이 허탄한 자랑의 말을 토하며 그릇되게 행하는 사람들에게서 겨우 피한 자들을 음란으로써 육체의 정욕 중에서 유혹하는도다 그들에게 자유를 준다 하여도 자신들은 멸망의 종들이니 누구든지 진 자는 이긴 자의 종이 됨이라 만일 그들이 우리 주 되신 구주 예수 그리스도를 앎으로 세상의 더러움을 피한 후에 다시 그 중에 얽매이고 지면 그 나중 형편이 처음보다 더 심하리니 의의 도를 안 후에 받은 거룩한 명령을 저버리는 것보다 알지 못하는 것이 도리어 그들에게 나으니라 참된 속담에 이르기를 개가 그 토하였던 것에 돌아가고 돼지가 씻었다가 더러운 구덩이에 도로 누웠다 하는 말이 그들에게 응하였도다(벧후 2:17-22).

Ⅰ. 들어가는 말

1세기의 마지막 40년 기간에 교회들이 이단들로부터 괴롭힘을 당했으며, 분열의 고통을 겪은 것을 찾아볼 수 있다. 특히 베드로후서와 요한1,2,3서, 유다서 등 5개의 짧은 서신들은 교회 안의 거짓 교훈에 대처하기 위해 기록되었다.

베드로후서는 주 예수를 부인하며 방탕한 생활을 하는 거짓 교사를 경계하는 편지이다(벧후 2:1-2). 신앙은 마라톤 경주와 같아서 천국에 들어갈 때까지 변질되지 않아야 하는데, 성경은 그런 힘과 용기를 준다.

Ⅱ. 배경

1. 저자

머리말에서 저자는 예수 그리스도의 종이요 사도인 시몬 베드로라고 분명히 밝히고 있다(벧후 1:1). 저자는 변화산의 예수님을 목격했으며(벧후 1:16-18), 두 번째로 편지를 써보낸다고 말하였다(벧후 3:1). 그러므로 전통적으로 사도 베드로가 베드로전서에 이어 소아시아 신자들을 위로하고 경계하기 위해 기록하였다고 본다. 그러나 초기의 어떤 교부들도 베드로후서를 인용하고 있지 않으며, 모든 교회에서 이 서신을 보편적으로 받아들인 것도 아니었다.

베드로후서는 유다서와 비슷하고, 헬라의 이원론적 사상의 영향이 강하며, 재림의 지연과 바울서신에 대한 언급 등을 볼 때 이 서신의 기록시기가 상당히 늦은 것으로 볼 수도 있다. 비판적인 학자들은 주후 150년 경 이미 바울서신이 성서로 인정되고, 영지주의 거짓 교사들이 활동하던 때 기록되었다고 본다.

2. 목적

이단에 대한 위험이 커질수록 내면의 믿음을 굳게 다져야 한다. 본서는 어떤 거짓된 가르침도 물리치고, 종말이 올 때까지 재림의 약속을 믿고 깨어 있도록 하기 위해 기록되었다. 그러한 믿음의 힘이 성경말씀에서 나오는데, 성경은 인간의 지혜의 산물이 아니며, 성령의 계시에 의한 권위 있는 말씀임을 강조한다.

베드로전서의 핵심단어가 고난(suffering)이라면, 베드로후서의 핵심단어는 지식(knowledge)이다. 알다와 지식이라는 단어가 16번이나 나오며, 그중 6번은 그리스도를 아는 지식을 말하고 있다.

Ⅲ. 내용 개요

1. 인사

예수 그리스도의 종이며 사도인 시몬 베드로는 우리 하나님과 구주 예수 그리스도의 의를 힘입어 동일하게 보배로운 믿음을 우리와 함께 받은 자들에게 편지하노니 하나님과 우리 주 예수를 앎으로 은혜와 평강이 너희에게 더욱 많을지어다(벧후 1:1-2).

2. 참된 믿음의 영적 진보(벧후 1:3-21)

1) 권면: 세상은 타락할지라도 그리스도인은 하나님의 성품에 참여해야 한다. 열거된 덕행의 목록은 헬라시대에 널리 알려진 것들이며, 하나님 나라도 헬라적 표현인 영원한 나라로 바뀌었다(벧후 1:11).

그러므로 너희가 더욱 힘써 너희 믿음에 덕을 덕에 지식을 지식에 절제를 절제에 인내를 인내에 경건을(벧후 1:5-7).

2) 약속의 확실성: 사도들은 주 예수께서 영광 가운데 들어가신 것을 목격하였다. 그러므로 그리스도인들도 영광에 참여하게 될 것이다.

우리 주 예수 그리스도의 능력과 강림하심을 너희에게 알게 한 것이 교묘히 만든 이야기를 따른 것이 아니요 우리는 그의 크신 위엄을 친히 본 자라(벧후 1:16).

3) 성경 말씀이 어지러운 세상을 극복하고 지탱해주는 힘이다.

먼저 알 것은 성경의 모든 예언은 사사로이 풀 것이 아니니 예언은 언제든지 사람의 뜻으로 낸 것이 아니요 오직 성령의 감동하심을 받은 사람들이 하나님께 받아 말한 것임이라(벧후 1:20-21).

3. 거짓 교사에 대한 경고(벧후 2:1-23)

1) 거짓 교사들의 출현에 대한 예고: 유다서 1장 4-16절과 유사한 내용이다. 이전에 거짓 선지자들이 출현한 것처럼 거짓 교사들이 나타날 것이다.

그러나 백성 가운데 또한 거짓 선지자들이 일어났었나니 이와 같이 너희 중에도 거짓 선생들이 있으리라 그들은 멸망하게 할 이단을 가만히 끌어들여 자기들을 사신 주를 부인하고 임박한 멸망을 스스로 취하는 자들이라(벧후 2:1).

2) 권선징악의 본보기: 구약시대 죄지은 천사와 소돔과 고모라, 노아 시대 불경한 자들이 심판 받은 것처럼 거짓된 자들은 멸망받을 것이다.

3) 거짓 교사들의 특징: 그들의 소행은 참으로 가증스럽고, 들뜬 영혼을 유혹하고 자기 욕심만 채울 것이다.

그러나 이 사람들은 본래 잡혀 죽기 위하여 난 이성 없는 짐승 같아서 그 알지 못하는 것을 비방하고 그들의 멸망 가운데서 멸망을 당하며 불의의 값으로 불의를 당하며 낮에 즐기고 노는 것을 기쁘게 여기는 자들이니 점과 흠이 라 너희와 함께 연회할 때에 그들의 속임수로 즐기고 놀며 음심이 가득한 눈을 가지고 범죄하기를 그치지 아니하고 굳세지 못한 영혼들을 유혹하며 탐욕에 연단된 마음을 가진 자들이니 저주의 자식이라(벧후 2:12-14).

4. 재림의 지연(벧후 3:1-13)

1) 이전의 가르침을 기억하라.

곧 거룩한 선지자들이 예언한 말씀과 주 되신 구주께서 너희의 사도들로 말미암아 명하신 것을 기억하게 하려 하노라(벧후 3:2).

2) 재림의 믿음: 재림이 지연됨으로 재림의 약속을 부인하는 자들이 있으나 반드시 그 약속이 이루어질 것이다(벧후 3:12-13).

사랑하는 자들아 주께는 하루가 천 년 같고 천 년이 하루 같다는 이 한 가지를 잊지 말라(벧후 3:8).

3) 바울의 편지를 인용하여 권면

또 우리 주의 오래 참으심이 구원이 될 줄로 여기라 우리가 사랑하는 형제 바울도 그 받은 지혜대로 너희에게 이같이 썼고 또 그 모든 편지에도 이런 일에 관하여 말하였으되 그 중에 알기 어려운 것이 더러 있으니 무식한 자들과 굳세지 못한 자들이 다른 성경과 같이 그것도 억지로 풀다가 스스로 멸망에 이르느니라(벧후 3:15-16).

5. 결론적 권면(벧후 3:17-18)

믿음 가운데 오래 참음으로 굳세게 서서 은혜와 지식에서 성장하라.

Ⅳ. 특징

1. 베드로후서는 사상과 구절, 단어, 글의 순서 등에 있어서 유다서와 극히 유사하다. 예를 들면 벧후 1:5과 유 1:3, 벧후 1:12과 유 1:3, 벧후 3:2-3과 유 1:17-18, 벧후 3:14과 유 1:24 등에서 유사함이 발견된다. 두 서신의 시간적 관계에 대해서는 베드로후서가 유다서보다 늦다고 말할 수 있다.

2. 본서의 거짓 교사에 대한 설명이 유다서와 많이 일치한다. 거짓 교사들은 그리스도를 부인하며 방탕한 생활을 한다(벧후 2:1-2; 유 1:4). 하늘에 있는 영광스런 천사들을 경시하고 모독하고(벧후 2:10-11; 유 1:8-9), 공동 식사를 더럽히며(벧후 2:13; 유 1:12), 바람에 밀려다니는 물 없는 구름 같다(벧후 2:17; 유 1:12-13). 그들은 육체적으로 타락하여 방탕한 생활을 한다(벧후 2:2,14,18; 유 1:4,7).

3. 베드로후서에서 말하는 거짓 교훈

1) 거짓 교사들은 향락과 음행, 탐욕 등 도덕적으로 타락하였다.

2) 그들은 영광의 천사들을 모독하고 주권자들을 멸시한다(벧후 2:10).

3) 그들은 예수 그리스도의 재림을 대망하지 않는다.

4. 거짓 교훈들에 대한 투쟁 방법

1) 거짓 교훈은 이미 예고된 것이며, 구속사의 과정에 속하는 것

이다(벧후 3:1-7).

2) 거짓 교사들의 잘못은 그들의 부도덕함을 통해 알 수 있다(벧후 2:3-13).

3) 항상 전통적으로 주어진 믿음의 진리와 계명을 기억한다(벧후 1:12; 2:21).

4) 재림에 대해서는 하나님의 불심판이 있을 것이며(벧후 3:5-7), 하나님은 회개를 위해 오래 참으시지만(벧후 3:9), 그날이 도둑같이 다가올 것임을 잊지 말아야 한다.

5) 거짓 교사들은 성경을 제멋대로 해석하지만, 영적인 맥락을 떠나 문자적으로만 성경을 해석해서는 안되며, 성경에 대한 교회의 보편적 해석의 정당성을 인정해야 한다(벧후 1:19-21).

요한일서

하나님이 우리를 사랑하시는 사랑을 우리가 알고 믿었노니 하나님은 사랑이시라 사랑 안에 거하는 자는 하나님 안에 거하고 하나님도 그의 안에 거하시느니라 이로써 사랑이 우리에게 온전히 이루어진 것은 우리로 심판 날에 담대함을 가지게 하려 함이니 주께서 그러하심과 같이 우리도 이 세상에서 그러하니라 사랑 안에 두려움이 없고 온전한 사랑이 두려움을 내쫓나니 두려움에는 형벌이 있음이라 두려워하는 자는 사랑 안에서 온전히 이루지 못하였느니라 우리가 사랑함은 그가 먼저 우리를 사랑하셨음이라 누구든지 하나님을 사랑하노라 하고 그 형제를 미워하면 이는 거짓말하는 자니 보는 바 그 형제를 사랑하지 아니하는 자는 보지 못하는 바 하나님을 사랑할 수 없느니라(요일 4:16-21).

Ⅰ. 들어가는 말

사도 요한이 기록한 것으로 알려진 요한일서와 요한이서, 요한삼서는 공통점과 아울러 차이점이 나타난다. 주후 70년 예루살렘이 멸망한 후 요한은 에베소에서 말년을 보내면서 이 서신들을 기록한 것으로 보인다. 당시는 로마의 도미티아누스 황제(81-96년)의 극심한 박해가 있었다. 또한 헬라 철학의 영향을 받은 영지주의적 사상을 가진 거짓 교사들로 인해 교회가 혼란을 겪고 있었으므로 처음 믿음에 굳게 서서 요동하지 않도록 서신을 보내었다.

Ⅱ. 배경

1. 저자

이레니우스 이후(180년경) 전통적으로 사도 요한을 저자로 간주한다. 그가 에베소에서 80-90년경에 소아시아 교회들에게 보낸 서신으로 여겨진다.

2. 기록 시기

요한일서는 회람 서신이며, 요한이서와 삼서는 구체적인 대상에게 보내졌기 때문에 요한일서가 제일 나중에 기록되었을 수 있지만 거의 같은 시기에 기록되었다고 볼 수 있다.

3. 기록 목적

1) 목회적 관심: 거짓 교사들로부터 그의 사랑하는 자녀들을 보호하며, 그들을 기독교 신앙과 생활 가운데 견고히 세우기 위함이었다.

2) 논쟁적 관심: 저자는 거짓 교사들이 육체로 오신 그리스도를 부인하고, 죄가 없다고 하는 도덕적인 방종과 형제에 대한 사랑이

없는 교만을 지적한다. 그들의 정체는 영지주의적 가현설(docetism)을 주장하는 사람들로 생각된다.

Ⅲ. 내용 개요

1. 서론(요일 1:1-4)

태초부터 있는 생명의 말씀이 나타나서 보고 만진 바 되었다고 함으로써 그리스도의 선재성(先在性)과 성육신(成肉身)을 강조하고 있다.

태초부터 있는 생명의 말씀에 관하여는 우리가 들은 바요 눈으로 본 바요 자세히 보고 우리의 손으로 만진 바라 이 생명이 나타내신 바 된지라 이 영원한 생명을 우리가 보았고 증언하여 너희에게 전하노니 이는 아버지와 함께 계시다가 우리에게 나타내신 바 된 이시니라(요일 1:1-2).

2. 성도의 교제(요일 1:5-2:17)

1) 예수 그리스도의 나타나심은 거룩하신 하나님과 사귈 수 있게 하기 위함이므로, 우리는 죄를 고백하고 죄 사함을 받아야 한다.

만일 우리가 우리 죄를 자백하면 그는 미쁘시고 의로우사 우리 죄를 사하시며 우리를 모든 불의에서 깨끗하게 하실 것이요(요일 1:9).

2) 그리스도는 우리의 보혜사이시며 화목제물이 되셨은즉 우리는 죄의 언약함을 벌쳐버리고 그의 계명인 형제 사랑을 실천하여야 할 것이다(요일 2:9-10).

3) 세상을 사랑하는 자는 하나님의 사랑이 거할 수 없다.

이는 세상에 있는 모든 것이 육신의 정욕과 안목의 정욕과 이생의 자랑이니 다 아버지께로부터 온 것이 아니요 세상으로부터 온 것이라(요일 2:16).

3. 이단에 대한 경계(요일 2:18-29)

이단은 예수께서 그리스도이시며 하나님의 아들이심을 부인한다.

거짓말하는 자가 누구냐 예수께서 그리스도이심을 부인하는 자가 아니냐 아버지와 아들을 부인하는 그가 적그리스도니 아들을 부인하는 자에게는 또한 아버지가 없으되 아들을 시인하는 자에게는 아버지도 있느니라(요일 2:22-23).

4. 사랑에 대한 권면(요일 3:1-4:21)

1) 사랑의 윤리적 성격(요일 3:1-12)

사랑하는 자들아 우리가 지금은 하나님의 자녀라 장래에 어떻게 될지는 아직 나타나지 아니하였으나 그가 나타나시면 우리가 그와 같을 줄을 아는 것은 그의 참모습 그대로 볼 것이기 때문이니 주를 향하여 이 소망을 가진 자마다 그의 깨끗하심과 같이 자기를 깨끗하게 하느니라(요일 3:2-3).

2) 사랑의 사회적 성격(요일 3:13-24)

죄 가운데 두드러진 것은 의를 행치 않는 것과 형제를 사랑치 않는 것이다. 특히 그 형제를 미워하는 자마다 살인하는 자인즉, 말과 혀로만 사랑치 말고 진실함으로 사랑할 것이다(요일 3:18). 사랑의 행함으로 우리 마음이 책망할 것이 없는 담대함을 얻으면 무엇이든지 하나님께 구하는 바를 그에게서 받게 된다(요일 3:22).

3) 사랑의 신학적 성격(요일 4:1-6)

형제 사랑의 힘은 예수 그리스도로부터 나오는바 이는 그가 육체로 우리를 위해 이 세상에 오셨기 때문이다. 이를 부인하는 자마다 적그리스도의 영으로 말미암은 것이다.

이로써 너희가 하나님의 영을 알지니 곧 예수 그리스도께서 육체로 오신 것을 시인하는 영마다 하나님께 속한 것이요(요일 4:2).

4) 사랑의 김징적 성격(요일 4:7-21)

사랑 안에 두려움이 없고 온전한 사랑이 두려움을 내쫓나니 두려움에는 형벌이 있음이라 두려워하는 자는 사랑 안에서 온전히 이루지 못하였느니라(요일 4:18).

5. 맺는말(요일 5:1-21)

1) 예수께서 그리스도이심을 믿는 자는 형제를 사랑하게 되고, 세상을 이기며(요일 5:4-5), 생명을 얻게 된다(요일 5:12).

2) 예수 그리스도의 믿음과 사랑 안에서 우리는 기도 응답의 확신을 얻게 되는데, 특별히 범죄한 형제를 위해 기도할 것이다. 예수 그리스도만이 참 생명이시므로 우상을 멀리해야 한다.

Ⅳ. 특징

1. 본서의 특징적인 두 단어는 빛(요일 1:5; 4:8)과 사랑(요일 4:20)이다.

2. 요한일서에서 말하는 거짓 교사들의 특징

1) 교회에서 떨어져 나갔다(요일 2:19).

2) 자신들은 다른 그리스도인들보다 우월하며(요일 4:1), 특별한 하나님 인식을 가졌다고 한다(요일 2:4).

3) 그들은 잘못된 기독론을 주장한다. 그들은 육신으로 오신 그리스도를 부인하고(요일 2:22), 육신으로 오신 것을 믿지 않으며

(요일 4:2-3), 물과 피로 오신 것을 거부한다(요일 5:6).

4) 거짓 교사들은 죄가 없다고 주장하며, 속죄의 피를 거부한다(요일 1:7; 5:6).

5) 그들은 형제에 대한 사랑의 계명을 무시한다(요일 2:9-11; 3:10,14-5; 4:8,20; 5:2).

6) 그들은 2세기 말엽까지 교회의 가장 위험한 적이었던 영지주의였을 것이다. 그들은 영과 몸의 철저한 구분을 하였는데, 순수하고 무한한 영이 육체와 결합할 수 없다는 주장(가현설, Docetism)과 예수님의 신적 활동이 침례로부터 십자가 사건 전까지라는 케린투스의 주장(Cerinthianism)으로 대표된다.

3. 거짓 교사들의 교훈을 대적하고 물리치는 길

1) 올바른 기독론을 가져야 한다(요일 2:18,22; 4:3). 예수는 그리스도이며 하나님의 아들이다. 그는 육신으로 오신 분이며, 물과 피로 오셨다.

2) 인간의 무죄성의 주장은 지극히 잘못된 것으로 예수님은 죄를 없이하고 악마의 일을 멸하기 위해 오셨다(요일 3:8).

3) 하나님은 빛이시며, 형제를 사랑하지 않는 거짓 교사들은 어둠 속에서 다니기 때문에 하나님과 교제하지 않는 것이다(요일 1:5-2:11).

4. 요한일서는 요한복음과 단어와 문체에 있어서 아주 비슷하지만 차이가 있다.

요한일서에는 구약의 인용문이 없으며, 미래적 종말론(요한복음의 실현된 종말론)을 강조하고(요일 2:28; 3:2; 4:17), 보혜사를 성령(요한복음)이 아닌 그리스도라고 한다. 요한일서는 요한복음을 기록한 요한이나 요한 학파가 기록하였을 것이다.

요한이서

미혹하는 자가 세상에 많이 나왔나니 이는 예수 그리스도께서 육체로 오심을 부인하는 자라 이런 자가 미혹하는 자요 적그리스도니 너희는 스스로 삼가 우리가 일한 것을 잃지 말고 오직 온전한 상을 받으라 지나쳐 그리스도의 교훈 안에 거하지 아니하는 자는 다 하나님을 모시지 못하되 교훈 안에 거하는 그 사람은 아버지와 아들을 모시느니라 누구든지 이 교훈을 가지지 않고 너희에게 나아가거든 그를 집에 들이지도 말고 인사도 하지 말라 그에게 인사하는 자는 그 악한 일에 참여하는 자임이라(요이 1:7-11).

Ⅰ. 들어가는 말

장로 요한은 선택받은 귀부인과 그 자녀들에게 편지한다. 그들은 특정인물을 가리킬 수 있지만, 일반적으로 교회에 대한 경의를 표하는 칭호로 해석할 수 있다. 요한은 교회에 들어온 거짓 교사들을 조심하라는 경고를 하고 있다. 요한이서와 삼서는 요한일서와 달리 편지 형식을 갖추고 있으며, 익명으로 기록된 요한일서와 달리 저자를 분명히 장로라고 밝히고 있다.

Ⅱ. 배경

1. 저자

장로이며 사도인 요한이 기록한 서신이다. 인사말에서 장로에 정관사가 있기 때문에 수신자들에게 잘 알려져 있고, 친근한 관계임을 말해준다.

2. 기록 목적

요한일서와 같이 거짓 교사들로부터 교회를 지키기 위해 기록되었다. 거짓 교사들은 예수님이 사람의 몸으로 오셨다는 것을 고백하지 않는 자들로 미혹하는 자나 적그리스도로 말해진다(요이 1:7). 그들은 교회에서 나가 떠돌아다니면서 미숙하고 연약한 교회에 들어가 세력을 얻으려 하였다. 저자는 단호하게 그들을 받아들이지 말고 인사하지 말라고 한다.

Ⅲ. 내용 개요

1. 서언(요이 1:1-3)

1) 진리가 이단을 물리칠 수 있다. 성도의 사귐은 진리로 말미암을 때 영원한 관계가 맺어지며 서로 간의 사랑이 지속되는 것이다.

> 사랑은 여기 있으니 우리가 하나님을 사랑한 것이 아니요 하나님이 우리를 사랑하사 우리 죄를 속하기 위하여 화목 제물로 그 아들을 보내셨음이라

(요일 4:10).

2) 삼위일체 하나님으로부터 오는 은혜

은혜는 하나님 아버지와 아들로 주어진다는 요한의 신학적 견해를 반영한다.

은혜와 긍휼과 평강이 하나님 아버지와 아버지의 아들 예수 그리스도께로부터 진리와 사랑 가운데서 우리와 함께 있으리라(요이 1:3).

아들을 부인하는 자에게는 또한 아버지가 없으되 아들을 시인하는 자에게는 아버지도 있느니라(요일 2:23).

3) 진리와 사랑으로 생명이 나온다.

진리를 알되 사랑이 없으면 생명을 얻을 수 없다. 말씀을 알고 실천할 때 생명의 역사가 나타난다.

2. 사랑의 계명을 회상하고 시인함(요이 1:4-6)

1) 사랑은 진리 안에서 기뻐한다. 다윗이 보디발의 아내를 사랑한 것과 암몬의 다말에 대한 사랑은 진리 안에서 이루어진 것이 아니다.

불의를 기뻐하지 아니하며 진리와 함께 기뻐하고(고전 13:6).

2) 사랑은 옛날부터 있는 영원한 계명이지만 항상 새롭다.

3) 예수 그리스도에 대한 처음부터 들은 계명대로 사랑하며 살아야 한다.

또 사랑은 이것이니 우리가 그 계명을 따라 행하는 것이요 계명은 이것이니 너희가 처음부터 들은 바와 같이 그 가운데서 행하라 하심이라(요이 1:6).

3. 거짓 교사들에 대한 경고(요이 1:7-11)

1) 그리스도에 대한 바른 가르침이야말로 신앙의 초석이다(요이 1:7). 베드로의 신앙 고백 위에 교회가 세워지며, 음부의 권세가 이기지 못한다.

2) 요한을 비롯한 사도들이 수고한 것이 수포로 돌아가지 않도록 믿음을 지켜 영생의 상급을 받도록 해야 한다. 구원을 받되 부끄러운 구원이 되지 않도록 한다.

> 누구든지 그 공적이 불타면 해를 받으리니 그러나 자신은 구원을 받되 불 가운데서 받은 것 같으리라(고전 3:15).

3) 교회의 실천적 행동: 교회는 거짓 교사들과의 모든 교제를 끊어버려야 한다.

> 누구든지 이 교훈을 가지지 않고 너희에게 나아가거든 그를 집에 들이지도 말고 인사도 하지 말라 그에게 인사하는 자는 그 악한 일에 참여하는 자임이라(요이 1:10-11).

방사능에 오염된 것은 더 이상 먹을 수 없고 마실 수 없는 것처럼 영혼이 이단사상에 오염되면 아무데도 쓸데가 없는 무익한 삶을 살게 된다.

4) 거짓 교사들의 악한 행실은 거짓 교훈을 말하며, 사랑의 계명을 멸시하는 행동을 하는 것으로 나타난다.

4. 방문 계획과 인사(요이 1:12-13)

요한은 직접 대면하여 기쁨이 충만하기를 바라는 마음을 갖는다.

Ⅳ. 특징

1. 요한이서에서 거짓 교사들은 지나치게 나가 그리스도의 가르침에 머물러 있지 않은 사람들이라고 한다(요이 1:9).

2. 사랑의 한계에 대한 서신(the Letter of Love's Limitation)

요한일서가 사랑의 서신이라고 할 때 모든 사람에게 관용과 사랑을 베푸는 것이 과연 옳은가에 대해서 요한이서가 지침을 가르쳐준다. 저자는 이단에 대해 관용을 베풀지 말라고 한다(요이 1:10). 하나님의 사랑은 무한하지만, 그 사랑을 받을만한 사람에게 베풀어야 한다. 그 점에 있어서 사랑은 한계를 가진다.

> 야훼께서 이르시되 내가 내 모든 선한 것을 네 앞으로 지나가게 하고 야훼의 이름을 네 앞에 선포하리라 나는 은혜 베풀 자에게 은혜를 베풀고 긍휼히 여길 자에게 긍휼을 베푸느니라(출 33:19).

> 거룩한 것을 개에게 주지 말며 너희 진주를 돼지 앞에 던지지 말라 그들이 그것을 발로 밟고 돌이켜 너희를 찢어 상하게 할까 염려하라(마 7:6).

3. 기독교인이라고 해서 모든 것을 무조건 포용하는 것이 최고의 사랑인 것이 결코 아니다.

무조건 타협하고 관용하는 것은 위험하며, 반면에 다른 사람의 종교적 자유를 인정하지 않는 극단적 행동도 바람직하지 않으며, 명백한 이단에 대한 관용과 사랑은 옳지 않다.

요한삼서

장로인 나는 사랑하는 가이오 곧 내가 참으로 사랑하는 자에게 편지하노라 사랑하는 자여 네 영혼이 잘됨 같이 네가 범사에 잘되고 강건하기를 내가 간구하노라 형제들이 와서 네게 있는 진리를 증언하되 네가 진리 안에서 행한다 하니 내가 심히 기뻐하노라 내가 내 자녀들이 진리 안에서 행한다 함을 듣는 것보다 더 기쁜 일이 없도다(요삼 1:1-4).

Ⅰ. 들어가는 말

고대 로마 세계에서는 호텔 시설이 부족하고 열악하여 여행객들은 친척과 친지의 집에서 머무는 경우가 많았다. 그러므로 교회는 여행 중에 있는 믿음의 형제들을 대접하는 일을 당연한 의무와 사랑으로 여겼다. 특히 주기적으로 교회를 순회하는 순회 설교자들이 얼마동안 머무르면서 개인 가정에서 구역예배를 인도하기도 하였다.

Ⅱ. 배경

1. 저자

사랑하는 가이오에게 보낸 서신으로 손님을 대접하지 않는 교회 지도자를 책망하고 있다. 물론 손님으로 오는 순회 설교자들 가운데 자신의 신분을 이용하여 무위도식하거나 거짓된 사람도 있었을 것이다. 그러나 사도 요한이 강한 어조로 올바른 손님 접대를 하지 않는 교회 지도자를 책망하는 것을 볼 때, 1세기에도 지역교회의 다스림에 어려움이 있었던 것을 보여준다.

2. 목적

저자는 가이오에게 자신이 보내는 순회 설교자들을 계속해서 후원하라고 권면한다. 악한 것을 본받지 말고 선한 것을 본받음으로써 성도들의 영적 성장과 바른 신앙생활로 인도하기 위한 것이다.

Ⅲ. 내용 개요

1. 서언

요한은 매우 사랑하고 친밀했던 가이오에게 편지한다. 교회 안의 사랑은 진리로 엮어진 영적 친밀감인 동시에 생활로 열매 맺는 사랑이다.

2. 순회설교자들의 후원을 부탁함(요삼 1:2-8)

1) 영과 혼과 육, 즉 신혼신(神魂身)은 순서에 의한 차이가 있지만 뗄 수 없는 밀접한 관계를 맺고 있다.

사랑하는 자여 네 영혼이 잘됨 같이 네가 범사에 잘되고 강건하기를 내가 간구하노라(요삼 1:2).

2) 삼중축복의 정당성: 삼중축복은 현재적 구원과 전인구원의 측면을 강조하며, 영혼육의 유기적 연관성을 부각시킨 것이다. 다시 말하자면 영적으로 죄사함을 받으면 마음의 해방과 자유를 얻게 되며, 마음이 쉼을 얻으면 몸도 건강해지고 생활도 밝아지고 형통하게 된다.

3) 가이오가 진리를 순복하는 것이 행함으로 나타나 나그네를 잘 대접하게 된 것을 요한이 심히 기뻐한다.

형제들이 와서 네게 있는 진리를 증언하되 네가 진리 안에서 행한다 하니 내가 심히 기뻐하노라 내가 내 자녀들이 진리 안에서 행한다 함을 듣는 것보다 더 기쁜 일이 없도다 사랑하는 자여 네가 무엇이든지 형제 곧 나그네 된 자들에게 행하는 것은 신실한 일이니(요삼 1:3-5).

3. 디오드레베의 행동을 책망함

으뜸되기만 좋아하고 손님을 대접하지 않는 디오드레베를 책망한다. 그는 으뜸 되기를 좋아하는 사이며(요삼 1:9), 자기와 뜻이 맞지 않는 사람을 악한 말로 헐뜯고 받아들이지 않았다. 더욱이 그를 받아들이는 사람까지 방해하고 교회에서 쫓아내는 사람이었다.

내가 두어 자를 교회에 썼으나 그들 중에 으뜸되기를 좋아하는 디오드레베가 우리를 맞아들이지 아니하니 그러므로 내가 가면 그 행한 일을 잊지 아니하리라 그가 악한 말로 우리를 비방하고도 오히려 부족하여 형제들을 맞아 들이지도 아니하고 맞아들이고자 하는 자를 금하여 교회에서 내쫓는도다 (요삼 1:9-10).

4. 데메드리오의 추천

악한 것을 본받지 말고 선한 것을 본받으라(요삼 1:11). 데메드리오 같은 충성된 사람을 본받으라고 한다. 그는 모든 사람이 인정하고 진리도 인정하는 사람이었다.

사랑하는 자여 악한 것을 본받지 말고 선한 것을 본받으라 선을 행하는 자는 하나님께 속하고 악을 행하는 자는 하나님을 뵈옵지 못하였느니라 데메드리오는 뭇 사람에게도, 진리에게서도 증거를 받았으매 우리도 증언하노니 너는 우리의 증언이 참된 줄을 아느니라(요삼 1:11-12).

5. 방문계획과 인사(요삼 1:13-15)

Ⅳ. 삼중축복

예수님의 복음은 시간적으로 미래의 영혼 구원만을 위하고, 현재의 삶을 도외시하는 내세지향적인 복음이 아니다. 또한 인간존재를 영적으로만 이해하는 것이 아니라 육체를 가진 존재로 생활범사에 복을 주며 육체적 질병을 치료하는 전인적인 구원을 지향한다.

1. 삼중타락(Three-fold Depravity)

1) 영혼의 죽음(창 2:16-17)

2) 환경적 저주

아담에게 이르시되 네가 네 아내의 말을 듣고 내가 네게 먹지 말라 한 나무의 열매를 먹었은즉 땅은 너로 말미암아 저주를 받고 너는 네 평생에 수고하여야 그 소산을 먹으리라 땅이 네게 가시덤불과 엉겅퀴를 낼 것이라 네가 먹을 것은 밭의 채소인즉(창 3:17-18).

3) 육체적 죽음(창 3:19)

2. 삼중대속(Three-fold Atonement)

1) 영혼의 구원

그가 찔림은 우리의 허물 때문이요 그가 상함은 우리의 죄악 때문이라 그가 징계를 받으므로 우리는 평화를 누리고 그가 채찍에 맞으므로 우리는 나음을 받았도다 우리는 다 양 같아서 그릇 행하여 각기 제 길로 갔거늘 야훼께서는 우리 모두의 죄악을 그에게 담당시키셨도다(사 53:5-6).

2) 생활의 구원

그리스도께서 우리를 위하여 저주를 받은 바 되사 율법의 저주에서 우리를 속량하셨으니 기록된 바 나무에 달린 자마다 저주 아래에 있는 자라 하였음이라(갈 3:13).

3) 육체의 구원

그는 실로 우리의 질고를 지고 우리의 슬픔을 당하였거늘 우리는 생각하기를 그는 징벌을 받아 하나님께 맞으며 고난을 당한다 하였노라(사 53:4).

3. 삼중축복(Three fold Blessing)

예수 그리스도가 십자가 위에서 인류의 죄와 죽음, 저주와 질병을 청산하셨다고 믿을 때 영혼이 잘됨같이 범사에 잘되고 강건케 되는 삼중축복을 누리게 된다.

4. 삼중축복의 확장

1) 하나님이 사랑한 대상은 인간만이 아니라 세상이다(요 3:16).

2) 아담의 타락은 우주적인 사건: 타락의 결과 마귀는 사람만 점령한 것이 아니라 사회도 점령하고 자연도 점령하였다. 사회에 구조악을 가져오고 자연을 황폐케 하는 배후에는 마귀가 있다.

3) 그러므로 예수님의 십자가 구원을 통한 삼중축복은 사회악을 제거하고 환경을 복구시키는 데까지 미친다. 삼중축복의 영역은 자연에 대한 인간의 책임과 환경 복구까지 확장된다.

Ⅴ. 특징

1. 교회의 문제가 있는 지도자를 다루고 있어서 아직 교회가 연합된 조직체로 존재하고 있지 않을 때임을 보여준다.

2. 초대 교회에서 이방인들에게서 아무것도 받지 않고 복음을 전하러 다니는 사람들에 대한 접대는 귀중한 교회의 의무였다.

유다서

사랑하는 자들아 너희는 우리 주 예수 그리스도의 사도들이 미리 한 말을 기억하라 그들이 너희에게 말하기를 마지막 때에 자기의 경건하지 않은 정욕대로 행하며 조롱하는 자들이 있으리라 하였나니 이 사람들은 분열을 일으키는 자며 육에 속한 자며 성령이 없는 자니라 사랑하는 자들아 너희는 너희의 지극히 거룩한 믿음 위에 자신을 세우며 성령으로 기도하며 하나님의 사랑 안에서 자신을 지키며 영생에 이르도록 우리 주 예수 그리스도의 긍휼을 기다리라 어떤 의심하는 자들을 긍휼히 여기라 또 어떤 자를 불에서 끌어내어 구원하라 또 어떤 자를 그 육체로 더럽힌 옷까지도 미워하되 두려움으로 긍휼히 여기라(유 1:17-23).

Ⅰ. 들어가는 말

교회에 가만히 들어와 누룩처럼 퍼지는 거짓된 무리가 있었다. 그들은 하나님의 은혜를 색욕거리로 바꾸고, 주 예수 그리스도를 부인하는 자들이다. 유다서에서는 그들에 대한 결코 피할 수 없는 심판이 마련되었다고 선언한다. 그들의 불경스러움과 무지, 술수, 헛된 말, 이기주의 등이 격렬하게 비판되고 있다.

Ⅱ. 배경

1. 저자

예수 그리스도의 종이요 야고보의 동생인 유다가 기록하였다. 야고보는 예루살렘 교회의 지도자로 있던 주의 형제로 여겨지므로 유다는 가장 어린 주님의 동생이었을 것이다. 만일 그가 유대인 교회에서 목회했다면 예루살렘 멸망 2-3년 전에 편지를 썼을 것이며, 늦은 경우는 80년 이후에 기록되었을 것이다.

본서의 저자가 유다가 아니라는 사람들은 저자가 사도들의 시대를 회상하고 있으며(유 1:17), 탁월한 헬라어로 기록되었다는 것을 증거로 들고 있다. 비평적인 견해에서는 90년경 팔레스타인이나 시리아에서 익명의 저자가 기록하였다고 본다.

2. 형식

서신 형태로 기록되고 수신자도 언급되고 있지만, 구체적인 교회에 보내진 것이 아니며 개인적인 지적도 없다. 그래서 교회에 나타난 영지주의적 이단자들을 공박하는 훈계나 설교로 보는 것이 더 적절하다(유 1:19).

3. 기록 목적

당시 소아시아 일대에 퍼져있던 영지주의적 이단사상의 위험으로부터 신자들의 믿음을 견고하게 하기 위해 기록되었다(유 1:17-23). 영지주의자들은 자유주의적인 방종자들로 육신의 세상을 멸시하면서 자신들은 육체적 방탕에 빠지는 것을 조금도 구애받지 않았다. 그들은 왜곡된 교훈과 악한 행동으로 기독교 신앙을 위협하였다.

Ⅲ. 내용 개요

1. 서언(유 1:1-2)

예수 그리스도의 종이요 야고보의 형제인 유다는 부르심을 받은 자 곧 하나님 아버지 안에서 사랑을 얻고 예수 그리스도를 위하여 지키심을 받은 자들에게 편지하노라(유 1:1).

2. 믿음의 투쟁(유 1:3-4)

거짓교사들이 교회에 나타났기 때문에 성도들은 믿음을 지키기 위해 싸워야 한다. 그들은 경건치 못하여 방종한 생활을 하고 예수 그리스도를 부인한다.

사랑하는 자들아 우리가 일반으로 받은 구원에 관하여 내가 너희에게 편지하려는 생각이 간절하던 차에 성도에게 단번에 주신 믿음의 도를 위하여 힘써 싸우라는 편지로 너희를 권하여야 할 필요를 느꼈노니 이는 가만히 들어온 사람 몇이 있음이라 그들은 옛적부터 이 판결을 받기로 미리 기록된 자니 경건하지 아니하여 우리 하나님의 은혜를 도리어 방탕한 것으로 바꾸고 홀로 하나이신 주재 곧 우리 주 예수 그리스도를 부인하는 자니라(유 1:3-4).

3. 죄와 심판의 역사적 사례(유 1:5-7)

불순종한 출애굽 세대와 타락한 천사들, 소돔과 고모라 사람들의 심판을 말한다.

> 너희가 본래 모든 사실을 알고 있으나 내가 너희로 다시 생각나게 하고자 하노라 주께서 백성을 애굽에서 구원하여 내시고 후에 믿지 아니하는 자들을 멸하셨으며 또 자기 지위를 지키지 아니하고 자기 처소를 떠난 천사들을 큰 날의 심판까지 영원한 결박으로 흑암에 가두셨으며 소돔과 고모라와 그 이웃 도시들도 그들과 같은 행동으로 음란하며 다른 육체를 따라 가다가 영원한 불의 형벌을 받음으로 거울이 되었느니라(유 1:5-7).

4. 거짓 교사들에 대한 정죄(유 1:8-16)

1) 이단자들은 알지 못하는 것을 비난하고, 본능적으로 알고 행하며, 욕심에 가득한 자들이어서 주님의 재림 때에 심판을 받을 것이 예비되어 있다.

> 화 있을진저 이 사람들이여, 가인의 길에 행하였으며 삯을 위하여 발람의 어그러진 길로 몰려 갔으며 고라의 패역을 따라 멸망을 받았도다 그들은 기탄없이 너희와 함께 먹으니 너희의 애찬에 암초요 자기 몸만 기르는 목자요 바람에 불려가는 물 없는 구름이요 죽고 또 죽어 뿌리까지 뽑힌 열매 없는 가을 나무요(유 1:11-12).

2) 당시의 애찬은 제의적 성찬과 일상적인 공동식사가 혼합된 것이다.

3) 길 잃은 별들(유 1:13)과 에녹에 대한 언급(유 1:14)은 외경 에녹서(1:9)에 나온다.

5. 신자들의 마음자세(유 1:17-23)

1) 마지막 때에 경건치 않고 정욕대로 사는 사람들이 나타날 것이다. 그렇지만 성도들은 믿음 위에 자기를 건축하며, 성령으로 기도하고, 하나님의 사랑 안에서 자기를 지키며, 영생에 이르도록 주 예수 그리스도의 긍휼을 기다려야 할 것이다.

> 사랑하는 자들아 너희는 너희의 지극히 거룩한 믿음 위에 자신을 세우며 성령으로 기도하며 하나님의 사랑 안에서 자신을 지키며 영생에 이르도록 우리 주 예수 그리스도의 긍휼을 기다리라(유 1:20-21).

2) 이단에 대처하는 세 가지 마음자세는 말씀을 기억하라(remember), 자신을 지키라(keep), 잘못에서 끌어내어 구하라(rescue).

6. 마지막 축원(유 1:24-25)

Ⅳ. 특징

1. 유다서의 거짓 교훈

1) 거짓 교사들은 헬라적 이원론적 인간관으로 인간을 무상한 육정만을 가지고 있는 육적 인간과 신적인 성품에 참여하는 영적 인간으로 구분한다(유 1:19).

2) 거짓 교사들은 자신들을 영적 인간으로 여기고 터무니없는 말을 하고(유 1:16) 천사들의 능력을 능가한다고 생각한다.

> 그러한데 꿈꾸는 이 사람들도 그와 같이 육체를 더럽히며 권위를 업신여기며 영광을 비방하는도다(유 1:8).

2. 거짓 교사들을 대결하는 길

1) 거짓 교사들의 출현은 예언된 것이므로(유 1:17-18) 담대한 마음을 가져야 한다. 그리고 거룩한 믿음 위에 자기를 굳게 세워야 한다(유 1:20).

2) 거짓 교사들은 도덕적으로 타락한 자들인 것을 기억한다(유 1:4,8,10,16,18).

3. 이단에 대한 교회의 태도

1) 아직 거짓 교훈에 빠지지 않은 의심하는 그리스도인들은 불쌍히 여겨 불에서 구원을 얻도록 애써야 한다.

2) 완전히 타락한 사람들은 불쌍히 여기되 교회는 그들과의 접촉을 삼가야 한다.

4. 1세기 초의 유대인들의 외경을 인용함으로써 당시 독자들의 이해를 돕고자 하였다. 천사장 미가엘에 대한 언급은 외경인 모세의 승천기에 나오며, 유다서 1장 14절의 내용은 에녹서와 축어적으로 일치한다.

Part 5.

예언서

요한계시록

요한계시록1

개요와 계시자 예수 그리스도
(계 1:1-20)

나 요한은 너희 형제요 예수의 환난과 나라와 참음에 동참하는 자라 하나님의 말씀과 예수를 증언하였음으로 말미암아 밧모라 하는 섬에 있었더니 주의 날에 내가 성령에 감동되어 내 뒤에서 나는 나팔 소리 같은 큰 음성을 들으니 이르되 네가 보는 것을 두루마리에 써서 에베소, 서머나, 버가모, 두아디라, 사데, 빌라델비아, 라오디게아 등 일곱 교회에 보내라 하시기로 몸을 돌이켜 나에게 말한 음성을 알아 보려고 돌이킬 때에 일곱 금 촛대를 보았는데 촛대 사이에 인자 같은 이가 발에 끌리는 옷을 입고 가슴에 금띠를 띠고 그의 머리와 털의 희기가 흰 양털 같고 눈 같으며 그의 눈은 불꽃 같고 그의 발은 풀무불에 단련한 빛난 주석 같고 그의 음성은 많은 물 소리와 같으며 그의 오른손에 일곱 별이 있고 그의 입에서 좌우에 날선 검이 나오고 그 얼굴은 해가 힘있게 비치는 것 같더라 내가 볼 때에 그의 발 앞에 엎드러져 죽은 자 같이 되매 그가 오른손을 내게 얹고 이르시되 두려워하지 말라 나는 처음이요 마지막이니 곧 살아 있는 자라 내가 전에 죽었었노라 볼지어다 이제 세세토록 살아 있어 사망과 음부의 열쇠를 가졌노니 그러므로 네가 본 것과 지금 있는 일과 장차 될 일을 기록하라 네가 본 것은 내 오른손의 일곱 별의 비밀과 또 일곱 금 촛대라 일곱 별은 일곱 교회의 사자요 일곱 촛대는 일곱 교회니라(계 1:9-20).

Ⅰ. 들어가는 말

요한계시록은 신약의 정경과 역사를 모두 마감하는 책으로 하나님의 섭리를 기록한 마지막 책이다. 교회는 이미 하나의 제도화된 단체로서 이 세상에 탄생되었고 그 맡은 바 사명을 수행해가고 있었다. 계시록에서는 그 사명의 완성을 열렬히 기다리고 있는 교회가 기대하는 것에 대한 구체적인 모습을 보여주고 있다.

Ⅱ. 배경

1. 저자

저자는 그 자신의 증거에 따르면 요한이라는 이름의 사람이며 그가 보았던 일의 실제 증인이었다(계 1:1-2). 그는 그리스 본토에서 동떨어진 돌섬인 밧모섬에 유배당해 있었다(계 1:9). 그곳에 있는 동안 그는 계시록에 기록한 환상을 받았으며, 그 환상을 아시아의 일곱 교회에 전하라는 명령을 받았다.

2. 기록 시기

이 책은 로마의 화재사건이 기독교인들에 대한 박해를 가져오게 한 네로 황제 때 기록되었다고 보는 첫 번째 견해가 있다. 두 번째는 1세기 후반 도미티아누스 황제(81-96)의 통치 기간 중에 기록되었다고 보는 것인데, 이 견해는 이레니우스의 증인 등에서 명백한 증거가 뒷받침되고 있다. 도미티아누스 통치 때 대대적인 박해가 있었던 것은 아니었을지라도 그는 자신을 신으로 경배하기를 요구하였는데, 그러한 상황은 계시록이 예언한 것과 같은 사회적, 경제적, 종교적 대변화와 일치되고 있다.

3. 기록 목적

기독교회와 로마정부와 관계가 관용에서, 회의적으로, 결국 경멸과 미움으로 악화되었다(요 15:19). 그러므로 계시록은 점차로 팽배해가는 적대감을 느끼고 있는 교회를 위로하며, 세상과 짝하여 쉽게 살려는 기독교인들을 경고하기 위해 씌어졌다. 그것은 1세기 말의 마지막 소리였다.

Ⅲ. 내용 개요

요한계시록은 그 자체가 단편적인 환상들의 연속으로 구성되어 있다. "내가 보매"(계 5:1; 6:1,9 등)라고 시작되는 여러 개의 작은 단위들도 나타나고, "성령에 감동하여"라는 구절로 시작되는 네 곳도 나타난다(계 1:10; 4:2; 17:1-3; 21:9-10). 이런 구분들을 근거로 해서 이 책은 서론과 결론을 합쳐 크게 6개의 부분으로 나누어진다.

1. 내용 구분

1) 계시자 예수님의 나타나심(계 1:1-20)

2) 일곱 교회에 보내는 편지(계 2:1-3:22)

에베소 교회와 서머나, 버가모, 두아디라, 사데, 빌라델비아, 라오디게아 교회에 대해 칭찬과 책망

3) 일곱 봉인 심판: 전 3년 반의 환난1(계 4:1-7:17)

4) 일곱 나팔의 심판: 전 3년 반의 환난2(계 8:1-10:11)

5) 짐승의 출현과 시온산의 어린 양: 후 3년 반의 환난1(계 11:1-14:20)

6) 일곱 대접 심판과 바벨론: 후 3년 반의 환난2(계 15:1-18:24)

7) 천년왕국과 신천신지: 종말과 새 세계(계 19:1-22:5)

8) 요한계시록에 대한 우리의 자세: 맺는말(계 22:6-21)

2. 들어가는 말(계 1:1-3)

1) 예수님의 계시가 요한에게 임함

예수 그리스도의 계시라 이는 하나님이 그에게 주사 반드시 속히 일어날 일들을 그 종들에게 보이시려고 그의 천사를 그 종 요한에게 보내어 알게 하신 것이라(계 1:1).

2) 요한계시록을 읽고 듣고 지키는 자는 복이 있다.

이 예언의 말씀을 읽는 자와 듣는 자와 그 가운데에 기록한 것을 지키는 자는 복이 있나니 때가 가까움이라(계 1:3).

3. 사도 요한의 기록 장면(계 1:4-20)

1) 편지의 수령지 일곱 교회

요한은 아시아에 있는 일곱 교회에 편지하노니 이제도 계시고 전에도 계셨고 장차 오실 이시며 그의 보좌 앞에 있는 일곱 영과(계 1:4).

2) 은혜와 평강의 예수 그리스도(계 1:5-8)

성도의 신앙과 사명은 예수님의 대속의 보혈에 기초한다. 알파와 오메가이신 예수님은 구름 같은 성도들과 함께 지상에 재림히시고, 인류역사를 종결하신다.

또 충성된 증인으로 죽은 자들 가운데에서 먼저 나시고 땅의 임금들의 머리가 되신 예수 그리스도로 말미암아 은혜와 평강이 너희에게 있기를 원하노라 우리를 사랑하사 그의 피로 우리 죄에서 우리를 해방하시고(계 1:5).

3) 계시를 받은 장소 밧모섬은 죄수들이 우글거리는 삭막한 돌섬이었으나 기도하는 요한에게 은혜와 계시가 임하였다.

나 요한은 너희 형제요 예수의 환난과 나라와 참음에 동참하는 자라 하나님의 말씀과 예수를 증언하였음으로 말미암아 밧모라 하는 섬에 있었더니(계 1:9).

4) 계시자 예수 그리스도(계 1:13-16)

예수님은 대제사장의 끌리는 옷을 입고, 만왕의 왕의 금띠를 띠고, 순결하고 지혜로 충만한 흰 양털 같은 머리를 하셨다. 또한 심령을 감찰하는 불꽃 같은 눈, 심판주로 오시는 발, 많은 물소리 같은 음성, 날선 검이 나오는 입과 해 같이 비치는 얼굴을 하신 예수님이 일곱 별의 주의 종들을 그의 오른손에 들으셨다.

Ⅳ. 해석방법

1. 본서의 내용은 어떤 해석방법을 취하느냐에 따라 판이하게 달라진다.

1) 문학적 해석법: 자료를 분석하고, 양식사적 방법으로 연구함으로 성서의 신적 기원을 무시하고, 인간적 성격만을 강조한다.

2) 심리학적 해석법: 객관적 계시성을 무시하고 주관적 심리로 연구한다.

3) 영적 해석법: 문자적 해석과는 달리 우화적으로 해석하지만,

예언적 성격이 무시되는 단점이 있다(클레멘트, 오리겐 등).

4) 과거적 해석법: 초대교회와 로마 정부와의 투쟁을 묘사한 것으로 이미 성취된 사실로 파악함으로써 재림 등의 미래적 예언을 무시하게 된다.

5) 역사적 해석법: 기록 당시부터 세계 종말까지의 압축된 역사 기록으로 본다.

6) 미래적 해석법: 과거와 현재, 미래로 구분하되 주로 미래를 예언한 것으로 해석한다.

2. 해석학적 입장

여러 해석법 중에서 복음주의에서는 미래적 해석법을 많이 지지하고 있으며 영적, 역사적 해석법도 고려되고 있다. 여기에서는 미래적 해석법에 따라 사도 요한이 본 것(계 1장)과 지금 있는 일(계 2-3장)과 장차 될 일(계 4-22장)이라는 구조하에서 고찰할 것이다.

3. 요한계시록 해석에 있어 참된 열쇠는 예수 그리스도이다.

계시록은 예수님이 직접 말씀하신 계시이기 때문에 경건함과 믿음으로 받아들여야 한다. 책의 서두(계 1:1)에서 이 책의 중심 주제가 미래를 계시하는 자로서의 예수 그리스도이심을 말해준다. 따라서 예수님에 대한 경외함이 없는 어떤 해석도 거짓된 것이며, 해석하기 어려운 부분을 억지로 풀거나 무시하지 말아야 한다.

요한계시록2

일곱 교회에 대한 예언

(계 2:1-3:22)

귀 있는 자는 성령이 교회들에게 하시는 말씀을 들을지어다 이기는 그에게는 내가 하나님의 낙원에 있는 생명나무의 열매를 주어 먹게 하리라 서머나 교회의 사자에게 편지하라 처음이며 마지막이요 죽었다가 살아나신 이가 이르시되 내가 네 환난과 궁핍을 알거니와 실상은 네가 부요한 자니라 자칭 유대인이라 하는 자들의 비방도 알거니와 실상은 유대인이 아니요 사탄의 회당이라 너는 장차 받을 고난을 두려워하지 말라 볼지어다 마귀가 장차 너희 가운데에서 몇 사람을 옥에 던져 시험을 받게 하리니 너희가 십 일 동안 환난을 받으리라 네가 죽도록 충성하라 그리하면 내가 생명의 관을 네게 주리라 귀 있는 자는 성령이 교회들에게 하시는 말씀을 들을지어다 이기는 자는 둘째 사망의 해를 받지 아니하리라 버가모 교회의 사자에게 편지하라 좌우에 날선 검을 가지신 이가 이르시되 네가 어디에 사는지를 내가 아노니 거기는 사탄의 권좌가 있는 데라 네가 내 이름을 굳게 잡아서 내 충성된 증인 안디바가 너희 가운데 곧 사탄이 사는 곳에서 죽임을 당할 때에도 나를 믿는 믿음을 저버리지 아니하였도다(계 2:7-13).

Ⅰ. 들어가는 말

아시아의 일곱 교회들은 이미 상당한 기간 동안 존재해왔고 영적 진보와 쇠퇴를 경험하고 있었다. 이들 교회에 보낸 편지에는 박해가 임박해 있거나 실제로 이미 시작되었음을 암시해주는 구절들이 있다.

서머나 교회에는 장차의 고난과 환난 받을 것이 예언되었다(계 2:10). 안디바는 버가모에서 순교를 당했다(계 2:13). 빌라델비아 교회는 "시험의 때"를 면하게 되어 있었다(계 3:10). 계시록의 분위기는 위기와 압박의 상황을 시사해 준다. 계시록은 아시아의 일곱 교회에 대한 심판을 통해서 교회생활에 대한 영적 표준을 규정해 주고 있다.

Ⅱ. 일곱 교회에 보내는 편지(계 2:1-3:22)

예수님께서는 소아시아의 서부 해안에 위치한 일곱 교회에 칭찬과 책망의 말씀을 전하셨다. 그 순서는 도로를 따라가며 남쪽의 에베소로부터 북쪽으로 서머나, 버가모로 올라갔다가 다시 남동쪽으로 내려오면서 두아디라, 사데, 빌라델비아, 라오니게아를 서술하고 있다.

에베소 교회는 처음 사랑의 열정을 잃어버렸음을 회개해야 한다. 서머나 교회는 박해를 받고 있으나 죽도록 충성하면 생명의 면류관을 얻게 될 것이다. 버가모 교회는 믿음을 가졌으니 이단에 대해서도 너무 관대한 것에 대해 책망받았다. 두아디라 교회는 신실했으나 우상숭배와 향락주의에 빠졌다. 사데 교회는 살았다 하나 죽은 교회이다. 빌라델비아 교회는 말씀에 견고하게 서서 고난을 극복하고 있음을 칭찬받았다. 라오디게아 교회는 미지근한 신앙과 교만함으로 책망을 받았다.

1. 에베소(Ephesus) 교회(계 2:1-7)

1) 에베소는 소아시아의 서쪽 지중해안에 있는 카이스터 강 입구에 위치하고 있다. 신약성경에서는 아나톨리아 반도의 서부지역(행 16:6; 19:10)이나 전지역(행 27:2)을 아시아라고 부른다.

아시아가 로마의 지배를 받게 되면서 신약성경에 나타나는 여러 도시들은 로마의 검투사 경기를 개최했다. 검투사 경기는 그 잔인성으로 말미암아 엄청난 대중적인 인기를 얻었다. 사도 바울은 부활의 사실을 납득시키기 위해 에베소에서 맹수와 싸웠다고 할지라도 무슨 유익이 있었겠느냐고 말한다(고전 15:32). 수많은 기독교인들이 이러한 야만적인 경기에서 희생되다가 기독교인 황제가 등장하면서 경기장의 살인이 금지되기 시작하였다.

2) 에베소 교회에는 수고와 인내가 있으나 처음 사랑을 회복해야 했다. 교리적으로 건전하여 거짓 사도와 이단적 당파도 방어했으나, 사랑의 실천력을 상실한 교회였다.

> 그러나 너를 책망할 것이 있나니 너의 처음 사랑을 버렸느니라 그러므로 어디서 떨어졌는지를 생각하고 회개하여 처음 행위를 가지라 만일 그리하지 아니하고 회개하지 아니하면 내가 네게 가서 네 촛대를 그 자리에서 옮기리라(계 2:4-5).

3) 특징: 에베소 교회는 바울이 3차 선교여행 중에 세운 교회로

아데미 신전이 유명하였다. 요한이 마리아를 모시고 와서 생활했던 유적이 발견되었다.

2. 서머나(Smyrna) 교회(계 2:8-11)

1) 서머나는 헤르무스 계곡의 끝 부분에 자리잡고 있다. 서머나는 티베리우스 황제 시절에 소아시아 도시 중에서 황제 제의를 수행하는 도시로 뽑혔다. 서머나에서 발행한 주조화폐에는 여러 황제들에게 바쳐진 신전들과 초상, 헌정의 글들이 나타나 있으며, 도미티아누스를 비롯한 여러 황제상들도 발견되었다.

2) 일곱 교회 중에서 책망을 받지 아니한 교회는 서머나와 빌라델비아의 두 교회였다. 비록 환난과 궁핍이 있으나 두려워할 것이 없다. 영적으로 내면적으로 올바르면 외부적이고 물질적으로 고난당하는 것을 반드시 극복하게 되는 것이다.

> 너는 장차 받을 고난을 두려워하지 말라 볼지어다 마귀가 장차 너희 가운데에서 몇 사람을 옥에 던져 시험을 받게 하리니 너희가 십 일 동안 환난을 받으리라 네가 죽도록 충성하라 그리하면 내가 생명의 관을 네게 주리라(계 2:10).

3) 특징: 서머나는 이오니아의 면류관, 아시아의 훈장 등으로 불렸다. 광대하고 아름다운 도시이며, 교회사적으로 서머나 교회는 순교의 교회로 유명했다. 사도 요한의 제자이며 초대 서머나 교회 감독이었던 폴리갑(Polycarp)이 순교했으므로 영적으로 풍요로운 교회가 된 것은 당연하였다.

3. 버가모(Pergamum) 교회(계 2:12-17)

1) 버가모는 무시아의 수도로 주전 3세기부터 주후 4세기까지

서부 소아시아의 문화적 정치적 중심지였다. 버가모의 신은 뱀신이었으나, 제우스와 아테네, 디오니소스 등을 함께 섬겼으며, 황제를 위한 신전도 있었다.

한편 버가모는 아탈리드 왕조의 유메네스 2세가 만든 도서관으로 유명하였다. 플루타르크에 의하면 로마의 장군 안토니우스가 클레오파트라에게 도서관을 선물했을 때 버가모에는 20만권의 장서가 있었다고 한다.

2) 버가모 교회에는 순교까지 감당하는 믿음의 승리가 있었던 반면에, 우상숭배와 부도덕에 빠진 니골라당이 있었다. 그러므로 믿음을 지킨 것은 좋지만 타협을 회개하지 않으면, 예수님이 좌우에 날선 검으로 그들을 가려내고 심판할 것이다.

> 귀 있는 자는 성령이 교회들에게 하시는 말씀을 들을지어다 이기는 그에게는 내가 감추었던 만나를 주고 또 흰 돌을 줄 터인데 그 돌 위에 새 이름을 기록한 것이 있나니 받는 자 밖에는 그 이름을 알 사람이 없느니라(계 2:17).

3) 특징: 제우스 제단은 118×112피트 크기의 말굽형으로 세워진 기념비적 대리석 건물이다. 이 제단은 제우스와 승리의 여신(Athena Nike)에게 헌정되었기 때문에 요한이 사단의 권좌가 있는 곳, 사단이 사는 곳(계 2:13)이라는 표현을 한 것으로 여겨진다.

4. 두아디라(Thyatira) 교회(계 2:18-29)

1) 두아디라는 버가모에서 남동쪽으로 35마일 되는 사데로 가는 길에 위치하고 있다. 두아디라는 로마시대 마케도니아 식민도시였으며, 오늘날 아키사르라고 불리는 터키 마을이다.

두아디라에서 가장 중요한 경제활동은 직물제조였다. 이것은 두아디라 뿐만 아니라 사데, 골로새, 라오디게아, 히에라폴리스 등에서도 마찬가지였으며 소아시아에 사는 유대인들의 주된 직업이기도 했다.

2) 두아디라 교회는 그 사업과 사랑과 믿음과 섬김과 인내로 칭찬을 받았으나, 음행과 우상제물을 먹음으로 책망을 받았다.

볼지어다 내가 그를 침상에 던질 터이요 또 그와 더불어 간음하는 자들도 만일 그의 행위를 회개하지 아니하면 큰 환난 가운데에 던지고 또 내가 사망으로 그의 자녀를 죽이리니 모든 교회가 나는 사람의 뜻과 마음을 살피는 자인 줄 알지라 내가 너희 각 사람의 행위대로 갚아 주리라(계 2:22-23).

3) 특징: 직물의 염색업으로 유명했고, 사도 바울은 빌립보에서 두아디라 출신의 자주장사 루디아를 회심시켰다(행 16:14).

5. 사데(Sardis) 교회(계 3:1-6)

1) 사데는 고대 리디아 왕국의 수도로 최대의 도시였으나, 주전 133년 이후로는 로마제국의 지배를 받았다. 이때부터 사데는 로마의 황제를 칭송하는 도시로 충성을 보였으며, 주후 17년 대지진으로 파괴되었을 때 많은 지원을 받았다.

2) 라오디게아 교회처럼 칭찬은 없고 책망만 받는 교회이다. 사데 교회는 염색업이 번성하여 사치와 부노녁이 성행한 도시에 위치함으로써 교인들의 신앙이 이름뿐이고 활력을 상실하였다. 더욱 진실하게 섬길 것이 권면되고 있다.

너는 일깨어 그 남은 바 죽게 된 것을 굳건하게 하라 내 하나님 앞에 네 행위의 온전한 것을 찾지 못하였노니 그러므로 네가 어떻게 받았으며 어떻게 들었는지 생각하고 지켜 회개하라 만일 일깨지 아니하면 내가 도둑 같이 이르리니 어느 때에 네게 이를는지 네가 알지 못하리라(계 3:2-3).

3) 특징: 구약성경 오바댜서에 스바랏으로 언급되고 있다(옵 1:20). 사데의 수호여신은 키벨레였으며 아데미처럼 부도덕한 여신이었다.

6. 빌라델비아(Philadelphia) 교회(계 3:7-13)

1) 빌라델비아는 고대 리디아에 있던 도시로 오늘날 알라세히르이며, 헤르무스 강의 지류인 코가무스 강이 있는 고원에 위치하고 있다. 농사짓기에 아주 좋은 평원에 있으나 빈번한 지진으로 극심한 고통을 겪었다.

1세기 말 빌라델비아에 지진만큼 충격적인 사건이 일어났다. 도미티아누스 황제가 이탈리아의 포도재배 농민을 보호하기 위하여 아시아 지역에서 포도생산을 절반으로 감축시키라는 칙령을 내린 것이다. 빌라델비아의 주산업이 포도재배였고, 주요 신이 디오니시우스(술의 신)이었기 때문에 그 도시가 입은 타격은 말로 할 수 없었다. 그러나 요한계시록에는 역경 속에 있는 백성들을 돌보시는 그리스도가 언급되었다(계 3:8,10-11).

2) 일곱 교회 중에 책망을 받지 않은 교회이다. 어떤 역경에서도 신앙의 견실함을 굳게 지킨 충성된 교회였다.

네가 나의 인내의 말씀을 지켰은즉 내가 또한 너를 지켜 시험의 때를 면하게 하리니 이는 장차 온 세상에 임하여 땅에 거하는 자들을 시험할 때라(계 3:10).

3) 특징: 이교신전이 많이 있어서 작은 아덴으로 불렸다. 빌라델비아는 사도 이후 시대에 핍박 속에서도 믿음을 견지한 용맹한 사

람들이 많이 있었으며, 몬타누스주의가 발생한 곳으로 여겨진다.

7. 라오디게아(Laodicea) 교회(계 3:14-22)

1) 일곱 교회의 맨 끝을 차지하고 있는 라오디게아는 밀레도에서 지중해로 흘러들어가는 메안더 강의 지류인 리쿠스 강의 비옥한 골짜기에 위치하고 있다.

라오디게아는 주후 60년 지진이 일어났을 때 구호금도 없이 스스로의 힘으로 도시를 재건할 정도로 무척 부유했다. 특히 플라비아누스 황제 때에는 풍요가 절정에 달했으며 여러 건축물들을 지어 로마의 황제들에게 헌정하기도 하였다.

2) 라오디게아 교회는 밖으로 핍박이 없었으며, 안으로 이단이나 부도덕한 것이 없었다. 교회는 부유했고 여러 필요한 것들을 다 갖추고 있었다. 그러나 그들의 신앙이 무기력하여 토하고 싶은 교회였다. 현대 교회의 특징으로 여겨지고 있다.

네가 말하기를 나는 부자라 부요하여 부족한 것이 없다 하나 네 곤고한 것과 가련한 것과 가난한 것과 눈 먼 것과 벌거벗은 것을 알지 못하는도다 내가 너를 권하노니 내게서 불로 연단한 금을 사서 부요하게 하고 흰 옷을 사서 입어 벌거벗은 수치를 보이지 않게 하고 안약을 사서 눈에 발라 보게 하라(계 3:17-18).

3) 특징: 직물과 의약품을 수출했고, 천연샘이 없었기 때문에 남쪽의 데니즐리 쪽으로부터 물을 공급받았다.

요한계시록3

일곱 봉인 심판 – 전 3년 반의 환난(1)

(계 4:1-7:17)

이 일 후에 내가 보니 하늘에 열린 문이 있는데 내가 들은 바 처음에 내게 말하던 나팔 소리 같은 그 음성이 이르되 이리로 올라오라 이 후에 마땅히 일어날 일들을 내가 네게 보이리라 하시더라 내가 곧 성령에 감동되었더니 보라 하늘에 보좌를 베풀었고 그 보좌 위에 앉으신 이가 있는데 앉으신 이의 모양이 벽옥과 홍보석 같고 또 무지개가 있어 보좌에 둘렸는데 그 모양이 녹보석 같더라 또 보좌에 둘려 이십사 보좌들이 있고 그 보좌들 위에 이십사 장로들이 흰 옷을 입고 머리에 금관을 쓰고 앉았더라 보좌로부터 번개와 음성과 우렛소리가 나고 보좌 앞에 켠 등불 일곱이 있으니 이는 하나님의 일곱 영이라 보좌 앞에 수정과 같은 유리 바다가 있고 보좌 가운데와 보좌 주위에 네 생물이 있는데 앞뒤에 눈들이 가득하더라(계 4:1-6).

Ⅰ. 들어가는 말

계시록 4장부터 계속되는 환상은 "이 후에 마땅히 될 일"(계 4:1)이라는 말로 시작되고 있다. 그러한 환상들이 아무리 신비로운 것일지라도 계시록은 미래의 역사에 대한 하나님의 섭리를 기록한 예언의 책으로서 신약중의 유일한 책이다. 이전에 지구에 육체를 입고 오신 예수님은 이제 우주 안에 계신 그리스도로 심판을 행하신다.

Ⅱ. 하늘나라의 광경

하늘문이 열리고 요한이 하늘로 올라감으로써 성도의 휴거가 이루어지고(계 4:1), 지상에는 무서운 환난이 임하게 된다. 천년왕국에 대해서 무천년설과 후천년설도 있지만, 우리 교회의 입장은 환난 전에 휴거되는 전천년설(Premillenialism)을 취한다. 먼저 심판의 주권자이신 하나님의 보좌 모습이 묘사되고(계 4장), 그 주권을 행사하는 예수님의 모습이 설명된다(계 5장).

1. 교회의 휴거(계 4:1-11)

1) 계시록 3장까지는 교회란 말이 일곱 번 이상 나오지만 4장에서 19장까지는 교회가 한 번도 언급되지 않는다. 그것은 교회가 휴거되었다는 것을 말해준다.

이 일 후에 내가 보니 하늘에 열린 문이 있는데 내가 들은 바 처음에 내게 말하던 나팔 소리 같은 그 음성이 이르되 이리로 올라오라 이 후에 마땅히 일어날 일들을 내가 네게 보이리라 하시더라(계 4:1).

2) 하늘의 보좌: 하나님의 보좌와 그를 둘러싸고 있는 이십사 장로들의 보좌가 묘사된다(계 4:2-11). 이후로 전개되는 심판이 아무리 무서울지라도 모든 것은 보좌에 앉으신 하나님으로부터 나온다.

앉으신 이의 모양이 벽옥과 홍보석 같고 또 무지개가 있어 보좌에 둘렸는데 그 모양이 녹보석 같더라(계 4:3).

2. 일곱 인봉한 책(계 5:1-14)

1) 누가 인봉을 떼기에 합당한가?(계 5:1-4)

또 보매 힘있는 천사가 큰 음성으로 외치기를 누가 그 두루마리를 펴며 그 인을 떼기에 합당하냐 하나 하늘 위에나 땅 위에나 땅 아래에 능히 그 두루마리를 펴거나 보거나 할 자가 없더라(계 5:2-3).

2) 유다 지파의 사자 다윗의 뿌리(계 5:5-8)

장로 중의 한 사람이 내게 말하되 울지 말라 유대 지파의 사자 다윗의 뿌리가 이겼으니 그 두루마리와 그 일곱 인을 떼시리라 하더라(계 5:5).

3) 인봉을 떼는 것에 대한 찬양(계 5:9-14)

그들이 새 노래를 불러 이르되 두루마리를 가지시고 그 인봉을 떼기에 합당하시도다 일찍이 죽임을 당하사 각 족속과 방언과 백성과 나라 가운데에서 사람들을 피로 사서 하나님께 드리시고(계 5:9).

Ⅲ. 일곱 봉인(계 6:1-7:17)

첫 번째 환난은 일곱 인을 하나씩 뗌으로 시작된다. 흰 말, 붉은 말, 검은 말, 청황색 말을 탄 자들이 나와 지상에 심판을 행하고, 여섯 번째 인을 뗄 때는 우주의 대격변이 일어난다. 일곱째 인을 떼기 전에 이스라엘의 인 맞은 자 14만 4천 명이 언급되고 천상에서 순교자들이 하나님과 어린 양을 찬양한다. 이윽고 일곱째 인을 떼면서 이것은 일곱 나팔의 심판으로 확대된다(계 8:1-2).

1. 첫째 인과 흰 말(계 6:1-2)

첫째 인을 뗄 때 흰 말을 타고 활을 가졌고, 면류관을 받은 자가 나타났다. 그런데 교회는 이미 하늘에 올라가 있고 예수님은 말씀으로 이기시는 분이므로, 여기 백마를 탄 자는 자칭 메시아라고 하는 적그리스도이다.

2. 둘째 인과 붉은 말(계 6:3-4)

붉은 말을 타고 나오는 자가 땅에서 화평을 제하여 버리게 된다. 붉은 말은 전쟁과 피를 상징한다.

3. 셋째 인과 검은 말(계 6:5-6)

셋째 인을 뗄 때 검은 말을 타고 손에 저울을 든 자가 출현하였다. 이는 전쟁이 휩쓸고 간 후에 나가오는 기근과 경제적 파탄을 상징한다.

4. 넷째 인과 청황색 말(계 6:7-8)

전쟁과 기근이 휩쓸고 간 곳에 사망과 음부가 활개를 치게 된다. 땅의 사분의 일을 죽이는 권세를 갖고 활동한다.

5. 다섯째 인을 뗄 때 전 3년 반 환난 때 생긴 첫 순교자들이 호소한다.

큰 소리로 불러 이르되 거룩하고 참되신 대주재여 땅에 거하는 자들을 심판하여 우리 피를 갚아 주지 아니하시기를 어느 때까지 하시려 하나이까 하니 각각 그들에게 흰 두루마기를 주시며 이르시되 아직 잠시 동안 쉬되 그들의 동무 종들과 형제들도 자기처럼 죽임을 당하여 그 수가 차기까지 하라 하시더라(계 6:10-11).

6. 여섯째 인(계 6:12-17): 하늘이 떠나가고 땅이 옮겨지는 천재지변이 있다.

땅의 임금들과 왕족들과 장군들과 부자들과 강한 자들과 모든 종과 자유인이 굴과 산들의 바위 틈에 숨어 산들과 바위에게 말하되 우리 위에 떨어져 보좌에 앉으신 이의 얼굴에서와 그 어린 양의 진노에서 우리를 가리라 그들의 진노의 큰 날이 이르렀으니 누가 능히 서리요 하더라(계 6:15-17).

7. 인침을 받은 십사만 사천 명(계 7:1-17)

1) 그들은 육적 유대인이다.

내가 인침을 받은 자의 수를 들으니 이스라엘 자손의 각 지파 중에서 인침을 받은 자들이 십사만 사천이니(계 7:4).

2) 십사만 사천이란 문자적 숫자가 아니라 수많은 사명자들을 상징한다. 구원받은 무리는 능히 셀 수 없다.

이 일 후에 내가 보니 각 나라와 족속과 백성과 방언에서 아무도 능히 셀 수 없는 큰 무리가 나와 흰 옷을 입고 손에 종려 가지를 들고 보좌 앞과 어린 양 앞에 서서(계 7:9).

Ⅳ. 전 3년 반 전반부 환난(1)의 특징

1. 전 3년 반의 환난의 전반부가 여섯째 인을 뗌으로써 끝이 난다. 후반부는 일곱째 인을 뗄 때 나팔 소리가 들려오면서 일곱 나팔 심판으로 연결된다.

2. 십사만 사천의 사명자들이 환난 중에서도 전도하여 구원받을 사람들을 모은다. 그들의 전도활동을 통하여 능히 셀 수 없는 큰 무리가 보좌 앞과 어린 양 앞에 서게 된다.

요한계시록4

일곱 나팔 심판 – 전 3년 반의 환난(2)
(계 8:1-10:11)

일곱 나팔을 가진 일곱 천사가 나팔 불기를 준비하더라 첫째 천사가 나팔을 부니 피 섞인 우박과 불이 나와서 땅에 쏟아지매 땅의 삼분의 일이 타 버리고 수목의 삼분의 일도 타 버리고 각종 푸른 풀도 타 버렸더라 둘째 천사가 나팔을 부니 불 붙는 큰 산과 같은 것이 바다에 던져지매 바다의 삼분의 일이 피가 되고 바다 가운데 생명 가진 피조물들의 삼분의 일이 죽고 배들의 삼분의 일이 깨지더라 셋째 천사가 나팔을 부니 횃불 같이 타는 큰 별이 하늘에서 떨어져 강들의 삼분의 일과 여러 물샘에 떨어지니 이 별 이름은 쓴 쑥이라 물의 삼분의 일이 쓴 쑥이 되매 그 물이 쓴 물이 되므로 많은 사람이 죽더라 넷째 천사가 나팔을 부니 해 삼분의 일과 달 삼분의 일과 별들의 삼분의 일이 타격을 받아 그 삼분의 일이 어두워지니 낮 삼분의 일은 비추임이 없고 밤도 그러하더라 내가 또 보고 들으니 공중에 날아가는 독수리가 큰 소리로 이르되 땅에 사는 자들에게 화, 화, 화가 있으리니 이는 세 천사들이 불어야 할 나팔 소리가 남아 있음이로다 하더라(계 8:6-13).

Ⅰ. 들어가는 말

요한계시록의 심판은 불꽃놀이에서 마지막 불꽃이 터지면서 또 다른 불꽃이 터져나오는 것처럼 연속적으로 일곱 번째 봉인에서 일곱 나팔 심판이 시작되고, 일곱 번째 나팔을 불자 일곱 대접 심판이 시작된다. 일곱 나팔을 가진 일곱 천사가 나팔을 불기 시작하고, 여섯째 나팔과 함께 네 천사가 임한다.

잠시 막간이 있어 힘센 천사가 구름을 타고 하늘에서 내려와 요한에게 책을 줌으로써 후 3년 반의 환난이 어떻게 전개될 것인가를 기르쳐준다.

Ⅱ. 여섯 나팔 심판(계 8:1-10:11)

1. 일곱째 인(계 8:1-5)

1) 하늘의 정적(계 8:1): 일곱째 인을 떼는 심판이 일곱 나팔 심판으로 연결되는 동안 고요함이 있다.

2) 일곱 나팔을 가진 일곱 천사

내가 보매 하나님 앞에 일곱 천사가 서 있어 일곱 나팔을 받았더라(계 8:2).

3) 금향로를 가진 그리스도의 중보(계 8:3-5): 기도는 신뢰와 감사의 향기로운 제사이다. 천사는 제사장이 될 수 없으므로 천사처럼 보인 분은 예수님이시다.

또 다른 천사가 와서 제단 곁에 서서 금 향로를 가지고 많은 향을 받았으니 이는 모든 성도의 기도와 합하여 보좌 앞 금 제단에 드리고자 함이라 향연이 성도의 기도와 함께 천사의 손으로부터 하나님 앞으로 올라가는지라(계 8:3-4).

2. 첫째 나팔(계 8:7)

1) 피 섞인 우박과 불이 땅에 쏟아진다. 출애굽 때의 열 재앙 중 일곱 번째 재앙과도 같다.

2) 현대의 막강한 폭탄을 상징하는 표현일 것이다. 예컨대 원자 폭탄이 히로시마에 떨어졌을 때 뜨거운 공기가 수증기를 끌어올려 갑자기 대기층에서 냉각되면서 우박으로 변하여 떨어졌다고 한다.

3. 둘째 나팔(계 8:8-9)

1) 불 붙는 큰 산과 같은 것이 바다에 던져지매 바다가 피로 변했다.

2) 폭탄을 실은 우주버스가 발사되어 바다에 떠 있던 적군의 군함들이 파괴되고, 온 바다에 재앙이 임하는 모습을 생각할 수 있다.

4. 셋째 나팔(계 8:10-11)

1) 횃불 같이 타는 큰 별이 하늘에서 떨어진다.

2) 강들과 물샘에 떨어져 물의 삼분의 일이 쓴 물이 되고, 그 물을 마신 사람이 죽었다는 것은 일종의 세균탄이 터진 것으로 여겨진다.

5. 넷째 나팔(계 8:12-13)

1) 해와 달과 별들이 각각 삼분의 일이 어두워진다. 핵폭발의 결과로 인해 대기권이 오염되어 하늘이 어둡게 될 것이다. 네 천사들의 나팔을 해석해보면 모두 자연환경이 처참하게 파괴되는 것

으로 볼 수 있다.

2) 공중에 날아가는 독수리가 화, 화, 화가 있다고 한다. 그것은 아직 세 나팔의 심판이 남아 있음을 말한다.

6. 다섯째 나팔(계 9:1-12)

1) 다섯째 나팔과 함께 첫째 화가 이른다. 화의 근원은 하늘에서 땅에 떨어진 별, 즉 사탄 루시퍼로 인한 재앙이다.

2) 사탄이 무저갱을 열자 그 속에 갇혀 있던 악령들이 떼를 지어 나오게 되었다. 그들의 왕은 히브리어로 아바돈, 헬라어로 아볼루온(파괴자)이라고 하였다. 이제 전 3년 반의 후반부에 더욱 극심한 재앙이 진행되는 것이다.

3) 황충과 같은 악령들일지라도 푸른 식물을 해하지 못하고, 인침을 받은 십사만 사천을 해하지 않도록 제한을 받았다.

> 그들에게 이르시되 땅의 풀이나 푸른 것이나 각종 수목은 해하지 말고 오직 이마에 하나님의 인침을 받지 아니한 사람들만 해하라 하시더라(계 9:4).

4) 악령들의 괴롭힘이 얼마나 심했든지 사람들이 죽기를 구하여도 죽지 못했다고 한다. 그것은 하나님이 환난을 통하여 회개하기를 원하시지 결코 죽어버리는 것을 원하지 않기 때문이다.

> 그 날에는 사람들이 죽기를 구하여도 죽지 못하고 죽고 싶으나 죽음이 그들을 피하리로다(계 9:6).

7. 여섯째 나팔(계 9:13-21)

1) 유브라데 강은 동서양을 나누는 강이 되고, 반역이 빈번했던 지역을 말한다. 그 지역의 결박되었던 천사를 풀어주어 심판을 행하게

되었다.

2) 네 천사로 인한 둘째 화로 사람의 삼분의 일이 죽게 된다.

네 천사가 놓였으니 그들은 그 년 월 일 시에 이르러 사람 삼분의 일을 죽이기로 준비된 자들이더라(계 9:15).

3) 이만만(二萬萬)의 군대는 중동에서 일어날 전쟁에 동원되는 2억의 군대들이다.

마병대의 수는 이만 만이니 내가 그들의 수를 들었노라(계 9:16).

8. 셋째 화에 해당하는 일곱째 나팔을 불게 되면(계 11:15), 후 3년 반의 환난이 시작된다.

Ⅲ. 후 3년 반의 환난에 대한 예언(계 10:1-11)

1. 구름을 타고 하늘에서 내려오는 힘센 천사

1) 그 천사는 머리 위에 무지개가 있고, 얼굴은 해 같고 그 발은 불기둥 같으며, 일곱 우레가 말하는 것이라고 한 것을 볼 때 예수 그리스도이다.

2) 그 천사는 창조주 하나님을 가리켜 맹서하기를 심판이 지체하지 않을 것이라고 하였다.

2. 작은 두루마리를 받아먹는 요한(계 10:8-11)

1) 두루마리는 하나님이 주시는 계시의 말씀을 가리키며, 그 내용은 후 3년 반에 전개될 심판에 관한 것이었다. 요한이 그것을 먹을 때 하나님의 말씀이므로 입에 꿀같이 달았으나, 먹은 후에는

뱃속에서 쓰게 되었다. 그 까닭은 인류가 당할 환난과 고통을 생각하면 쓸 수밖에 없었던 것이다.

2) 전 3년 반 동안 적그리스도는 유대인과 계약도 맺고 성전도 짓게 했으나, 후 3년 반에 들어가면서 본성을 드러내어 짐승으로 변해서 활동하게 된다.

요한계시록5

짐승의 출현과 시온산의 어린 양 - 후 3년 반의 환난(1)

(계 11:1-14:20)

일곱째 천사가 나팔을 불매 하늘에 큰 음성들이 나서 이르되 세상 나라가 우리 주와 그의 그리스도의 나라가 되어 그가 세세토록 왕 노릇 하시리로다 하니 하나님 앞에서 자기 보좌에 앉아 있던 이십사 장로가 엎드려 얼굴을 땅에 대고 하나님께 경배하여 이르되 감사하옵나니 옛적에도 계셨고 지금도 계신 주 하나님 곧 전능하신 이여 친히 큰 권능을 잡으시고 왕 노릇 하시도다 이방들이 분노하매 주의 진노가 내려 죽은 자를 심판하시며 종 선지자들과 성도들과 또 작은 자든지 큰 자든지 주의 이름을 경외하는 자들에게 상 주시며 또 땅을 망하게 하는 자들을 멸망시키실 때로소이다 하더라 이에 하늘에 있는 하나님의 성전이 열리니 성전 안에 하나님의 언약궤가 보이며 또 번개와 음성들과 우레와 지진과 큰 우박이 있더라 (계 11:15-19).

Ⅰ. 들어가는 말

후 3년 반의 환난에서는 일곱 대접의 심판이 시행된다. 그런데 일곱째 나팔을 불면서 나타나는 일곱 대접의 심판에 앞서 여인과 용(계 12:1-17), 바다에서 올라오는 열 뿔과 일곱 머리를 가진 짐승, 땅에서 올라오는 두 뿔이 있고 용처럼 말하는 짐승의 환상이 나타난다.

이어 대심판을 예견하는 어린 양과 144,000 용사, 하늘을 날며 복음을 선포하며 멸망을 선언하는 천사, 흰 구름을 탄 인자 같은 이의 구원(계 14:14-16)과 불신자의 심판이 언급된다.

Ⅱ. 후 3년 반의 환난

1. 성전 밖의 사람들에게 극심한 환난이 임할 것임(계 11:1-2)

1) 유대인의 성전의 재건 이후 적그리스도가 계약을 파기하고 핍박하게 된다. 지금 황금 돔 사원이 있는 옛 솔로몬 성전터를 욤키푸르 전쟁(1973년 10월에 일어난 중동 제4차 전쟁)에서 빼앗은 유대인들이 전 3년 반 환난 동안 그 자리에 성전을 건축하게 될 것이다.

2) 후 3년 반 동안에 구원받을 유대인을 위하여 새로 건축된 성전과 제단에서 하나님을 진실로 섬기고 경배하는 자들을 가려내는 측량작업을 하게 된다.

3) 성전 밖에 있는 유대인들과 이방인들은 짐승으로 화한 적그리스도의 극심한 핍박과 고난을 겪게 된다. 적그리스도는 먼저 성전에 우상의 제단을 세우고 경배를 강요할 것이다(마 24:15-16).

2. 두 증인(계 11:3-14)

1) 전 3년 반 동안 전도하던 십사만 사천의 유대인들은 간곳없고, 이제 두 증인이 나타나 복음을 입증하게 된다.

2) 두 증인은 비가 오지 않게 하거나 물을 피로 변하게 하는 권능을 보였으므로 엘리야와 모세을 상징한다. 그들은 후 3년 반 환난 동안에 여러 가지 재앙을 통하여 경고하다가 사역을 마치고 죽임을 당하지만 다시 살아나서 하늘로 올라간다. 그때 지진이 일어나서 성 십분의 일이 무너지고 칠천 명이 죽게 된다. 이로써 여섯째 나팔의 둘째 화가 지나갔다.

3. 일곱 번째 나팔(계 11:15-19)

1) 일곱 번째 나팔로 셋째 화가 다가오게 된다. 이제 환난이 거의 끝나고 예수 그리스도가 세상을 다시 찾을 때가 된 것이다.

2) 24장로들이 마귀의 권세 아래 있던 세상이 회복될 것을 알고 찬양한다.

> 일곱째 천사가 나팔을 불매 하늘에 큰 음성들이 나서 이르되 '세상 나라가 우리 주와 그의 그리스도의 나라가 되어 그가 세세토록 왕 노릇 하시리로다' 하니(계 11:15).

3) 회복의 확실함을 인하여 성전이 열리고 언약궤가 보이는 증거가 나타난다.

> 이에 하늘에 있는 하나님의 성전이 열리니 성전 안에 하나님의 언약궤가 보이며 또 번개와 음성들과 우레와 지진과 큰 우박이 있더라(계 11:19).

4) 일곱째 나팔은 일곱 대접 심판으로 연결되는데, 마지막 일곱 대접 심판에 앞서 해를 입은 여자와(계 12장) 바다와 땅에서 나온

짐승(계 13장), 시온산의 어린 양에 대한 막간의 설명이 이어진다.

Ⅲ. 여자와 용

1. 여자(계 12:1-6)

1) 이스라엘 민족을 상징하는 여자(창 37:9-10; 사 54:1)

하늘에 큰 이적이 보이니 해를 옷 입은 한 여자가 있는데 그 발 아래에는 달이 있고 그 머리에는 열두 별의 관을 썼더라 이 여자가 아이를 배어 해산하게 되매 아파서 애를 쓰며 부르짖더라(계 12:1-2).

2) 여자가 낳은 아들은 예수 그리스도이다.

여자가 아들을 낳으니 이는 장차 철장으로 만국을 다스릴 남자라 그 아이를 하나님 앞과 그 보좌 앞으로 올려가더라(계 12:5).

2. 하늘의 전쟁(계 12:7-12)

1) 붉은 용은 옛 뱀, 마귀, 혹은 사탄으로 불린다.

2) 천사장 미가엘과 붉은 용의 전쟁: 붉은 용은 하나님의 군대장관 미가엘과 싸워 패배함으로써 땅으로 내쫓긴다. 이제 사탄이 쫓겨나간 공중에서 어린 양의 혼인 잔치가 벌어지게 된다.

3) 영적 전쟁: 우리 믿는 자들을 참소하넌 사탄이 쫓겨났으므로 우리들은 담대하게 예수님의 보혈을 주장함으로써 마귀를 물리치고 참소에서 벗어나게 되었다.

내가 또 들으니 하늘에 큰 음성이 있어 이르되 이제 우리 하나님의 구원과 능력과 나라와 또 그의 그리스도의 권세가 나타났으니 우리 형제들을 참소하던 자 곧 우리 하나님 앞에서 밤낮 참소하던 자가 쫓겨났고(계 12:10).

3. 여자의 박해와 피난(계 12:13-17)

1) 남자를 낳은 여자는 붉은 용을 피하여 광야, 즉 페트라와 같은 안전지대로 피신할 것이다. 이스라엘 백성들이 적그리스도의 박해를 피해 달아날 때 하나님의 도우심이 있게 될 것이다.

2) 유대인들이나 예수님을 믿는 남은 자들과 붉은 용이 전쟁을 벌리게 된다.

Ⅳ. 한 짐승과 다른 짐승

1. 바다에서 나온 짐승(계 13:1-10)

1) 바다에서 나온 짐승은 지중해의 세계에서 일어날 적그리스도를 말한다.

2) 사탄인 용이 짐승에게 큰 권세를 줌

그의 머리 하나가 상하여 죽게 된 것 같더니 그 죽게 되었던 상처가 나으매 온 땅이 놀랍게 여겨 짐승을 따르고 용이 짐승에게 권세를 주므로 용에게 경배하며 짐승에게 경배하여 이르되 누가 이 짐승과 같으냐 누가 능히 이와 더불어 싸우리요 하더라(계 13:3-4).

2. 땅에서 올라온 다른 짐승(계 13:11-18)

1) 새끼 양같고 용처럼 말하는 거짓 선지자는 삼위일체 성령을 모방한 것으로 여러 가지 이적을 행한다(계 13:13-14).

2) 짐승의 표인 666을 받게 함: 신비의 수인 666(계 13:18)은 칸토의 삼각수법(1+2...+36=666; 36=1+2...+8)에 의하면 8을 암시하므로 로마의 여덟 번째 황제인 도미티아누스를 뜻하거나, 네로 황

제인 네론 케사르(Neron Kesar)를 히브리어로 숫자화한 것이라는 주장이 있다(n50, r200, w6, n50, k100, s60, r200). 그밖에도 히틀러나 모하메드, 스탈린으로 해석하는 방법도 있다. 어쨌든 666은 어느 시대나 적그리스도에 대한 상징으로 해석된다(김철손, 「요한계시록신학」 107).

Ⅴ. 시온산의 어린 양과 마지막 복음

1. 극심한 환난을 통과한 십사만 사천명이 어린 양과 함께 있음(계 14:1-5)

또 내가 보니 보라 어린 양이 시온 산에 섰고 그와 함께 십사만 사천이 서 있는데 그들의 이마에는 어린 양의 이름과 그 아버지의 이름을 쓴 것이 있더라(계 14:1).

2. 천사가 환난 중에 전하는 영원한 복음과 진노의 포도주

3. 후 3년 반의 인내와 순교의 복(계 14:9-13)

또 내가 들으니 하늘에서 음성이 나서 이르되 기록하라 지금 이후로 주 안에서 죽는 자들은 복이 있도다 하시매 성령이 이르시되 그러하다 그들이 수고를 그치고 쉬리니 이는 그들의 행한 일이 따름이라 하시더라(계 14:13).

4. 두 가지 추수(계 14:14-20)

알곡을 거두는 구원받는 자들과, 진노의 심판을 받을 자들을 추수한다.

요한계시록6

일곱 대접 심판과 바벨론 - 후 3년 반의 심판(2)

(계 15:1-18:24)

또 여섯째 천사가 그 대접을 큰 강 유브라데에 쏟으매 강물이 말라서 동방에서 오는 왕들의 길이 예비되었더라 또 내가 보매 개구리 같은 세 더러운 영이 용의 입과 짐승의 입과 거짓 선지자의 입에서 나오니 그들은 귀신의 영이라 이적을 행하여 온 천하 왕들에게 가서 하나님 곧 전능하신 이의 큰 날에 있을 전쟁을 위하여 그들을 모으더라 보라 내가 도둑 같이 오리니 누구든지 깨어 자기 옷을 지켜 벌거벗고 다니지 아니하며 자기의 부끄러움을 보이지 아니하는 자는 복이 있도다 세 영이 히브리어로 아마겟돈이라 하는 곳으로 왕들을 모으더라 일곱째 천사가 그 대접을 공중에 쏟으매 큰 음성이 성전에서 보좌로부터 나서 이르되 되었다 하시니 번개와 음성들과 우렛소리가 있고 또 큰 지진이 있어 얼마나 큰지 사람이 땅에 있어 온 이래로 이같이 큰 지진이 없었더라 큰 성이 세 갈래로 갈라지고 만국의 성들도 무너지니 큰 성 바벨론이 하나님 앞에 기억하신 바 되어 그의 맹렬한 진노의 포도주 잔을 받으매 각 섬도 없어지고 산악도 간 데 없더라 또 무게가 한 달란트나 되는 큰 우박이 하늘로부터 사람들에게 내리매 사람들이 그 우박의 재앙 때문에 하나님을 비방하니 그 재앙이 심히 큼이러라(계 16:12-21).

Ⅰ. 들어가는 말

일곱째 나팔을 불자 마지막 재앙이 일곱 대접 심판으로 확대된다. 그런데 그 직전에 구원받은 자들의 어린 양 찬양, 증거의 장막에서 재앙을 가지고 나오는 일곱 천사가 서술된다(계 15장).

이윽고 첫째 천사가 대접을 땅에 쏟으니 사람들에게 종기가 생기고, 다음으로 바다와 강, 샘이 피로 변한다. 태양이 무섭게 뜨거워지고, 하늘이 어두워지며, 유프라테스 강이 마르고 아마겟돈 전쟁이 예비된다(계 16:12-16). 일곱째 대접이 공중에 부어지매 대지진이 일어나 만국의 성과 바벨론이 무너져 황폐케 된다. 다음으로 천사들이 음녀로 상징되는 바벨론 종교에 대한 심판과 바벨론의 멸망을 보여준다(계 17-18장).

Ⅱ. 일곱 대접 심판(계 15:1-16:21)

1. 일곱 대접 심판이 준비된다(계 15:1-8).

1) 불이 섞인 유리 바다: 불같은 환난이 있던 세상을 벗어난 사람들이 있다.

또 내가 보니 불이 섞인 유리 바다 같은 것이 있고 짐승과 그의 우상과 그의 이름의 수를 이기고 벗어난 자들이 유리 바다 가에 서서 하나님의 거문고를 가지고(계 15:2).

2) 심판을 가지고 성전에서 나오는 일곱 천사

2. 첫째 대접을 땅에 쏟으매 짐승의 표를 받은 사람들에게 종기가

난다.

3. 둘째 대접을 땅에 쏟으매 바다가 피로 변하고 모든 생물이 죽는다.

4. 셋째 대접을 땅에 쏟으매 강과 물의 근원이 피로 변한다.

5. 넷째 대접을 땅에 쏟으매 태양열이 증가하여 타죽지만 회개하지 않는다.

넷째 천사가 그 대접을 해에 쏟으매 해가 권세를 받아 불로 사람들을 태우니 사람들이 크게 태움에 태워진지라 이 재앙들을 행하는 권세를 가지신 하나님의 이름을 비방하며 또 회개하지 아니하고 주께 영광을 돌리지 아니하더라(계 16:8-9).

6. 다섯째 대접을 짐승의 왕좌에 쏟으매 어둠이 임하고 질병이 다가온다.

7. 여섯째 대접을 유프라테스 강에 쏟으매 동방의 왕들의 길이 마련되고 더러운 영이 나옴으로 전쟁이 준비된다. 이 전쟁은 후에 짐승과 그 추종자들이 벌리게 되는 아마겟돈 전쟁의 준비이다(계 19:19).

보라 내가 도둑 같이 오리니 누구든지 깨어 자기 옷을 지켜 벌거벗고 다니지 아니하며 자기의 부끄러움을 보이지 아니하는 자는 복이 있도다 세 영이 히브리어로 아마겟돈이라 하는 곳으로 왕들을 모으더라(계 16:15-16).

8. 일곱째 대접을 땅에 쏟으매 큰 성 바벨론이 엄청난 지진으로 무너진다.

Ⅲ. 세상 종교와 문명의 심판

이 세상에서 최고의 번영과 문명의 발전을 이룩한 바벨론은 완전히 하나님을 떠난 사회였다. 불신과 죄악으로 문명화된 사회의 마지막 결과는 심판으로 멸망하는 것이다. 심판의 최종 단계는 위대한 광야의 용사인 그리스도께서 모든 것을 정복하는 것이다(계 17:1-20:15).

1. 음녀의 종교 심판(계 17:1-18)

1) 음녀는 번영한 도시인 바벨론의 타락된 종교이다.

그 여자는 자주 빛과 붉은 빛 옷을 입고 금과 보석과 진주로 꾸미고 손에 금 잔을 가졌는데 가증한 물건과 그의 음행의 더러운 것들이 가득하더라(계 17:4).

2) 음녀의 행위는 성도들의 피로 취한 것이다.

또 내가 보매 이 여자가 성도들의 피와 예수의 증인들의 피에 취한지라 내가 그 여자를 보고 놀랍게 여기고 크게 놀랍게 여기니(계 17:6).

3) 적그리스도는 처음에 음녀의 처음에 손을 잡았으나 후에는 그를 제거하고 자신을 우상시한다.

2. 바벨론의 심판(계 18:1-24)

1) 정치 경제의 중심지인 바벨론은 후 3년 반 동안에 멸망하게 됨

힘찬 음성으로 외쳐 이르되 무너졌도다 무너졌도다 큰 성 바벨론이여 귀신의 처소와 각종 더러운 영이 모이는 곳과 각종 더럽고 가증한 새들이 모이는 곳이 되었도다 그 음행의 진노의 포도주로 말미암아 만국이 무너졌으며 또 땅의 왕들이 그와 더불어 음행하였으며 땅의 상인들도 그 사치의 세력으로 치부하였도다 하더라(계 18:2-3).

2) 하나님의 경고: 바벨론에 동조하지 말 것을 그 백성에게 경고하심

또 내가 들으니 하늘로부터 다른 음성이 나서 이르되 내 백성아, 거기서 나와 그의 죄에 참여하지 말고 그가 받을 재앙들을 받지 말라(계 18:4).

3) 순식간에 멸망하는 바벨론

이르되 화 있도다 화 있도다 큰 성이여 세마포 옷과 자주 옷과 붉은 옷을 입고 금과 보석과 진주로 꾸민 것인데 그러한 부가 한 시간에 망하였도다 모든 선장과 각처를 다니는 선객들과 선원들과 바다에서 일하는 자들이 멀리 서서(계 18:16-17).

Ⅳ. 특징

1. 로마제국의 상징

계시록에서 로마제국이 강력한 권력의 체제를 갖는 기독교의 적으로 표현되고 있다는 것은 거의 확실하다. 로마는 '각 족속과 백성과 방언과 나라를 다스리는 권세를 받은' 짐승으로 비유된다(계 13:7). 사람들이 경제적인 매매행위를 위해서 지니고 다닐 것을 강요받게 될 '표'는 로마제국이 합법성을 인정한다는 표시로 유언장이나 계약서, 매매전표, 기타 문서들에 찍었던 문장을 가리키는 말이다(계 13:16-17). 큰 성 바벨론으로 불리며 성도들과 순

교자들의 피에 취한 음녀는 로마가 위치하고 있는 일곱 언덕들과 같은 숫자인 일곱 산 위에 앉았다(계 17:9).

계시록이 로마와의 관련하에서 해석될 수 있든지 없든지 간에 기독교인이 이 책을 처음 읽었을 때 로마와 관련시켜 이해하였을 것이 확실하다.

2. 대구적 구조(M.C. Tenny의 견해)

요한계시록의 마지막 부분을 단락으로 구분해보면 서로 대구적인 내용이 나타난다. 앞부분(계 17:1-21:8)은 바벨론, 즉 음녀에 의해 지배되는 마귀화된 세상의 운명을 기록하고 있다. 뒷부분(계 21:9-22:5)은 그리스도의 신부인 새 예루살렘의 다가올 모습을 설명하고 있다.

전자는 광야(계 17:3), 후자는 산(계 21:10)을 배경으로 삼고 있고, 전자는 참람한 이름들이 기록된 음녀를, 후자는 열 두 사도들과 열 두 지파의 이름이 기록된 거룩한 도성을 말하고 있다(계 21:12,14). 나아가 전자는 무너져버릴 심판의 도성 바벨론(계 17:6), 후자는 하늘로부터 내려오는 거룩하고 순결한 새 예루살렘에 대해 말한다. 전자는 무서운 심판으로 멸망하지만, 후자는 영원한 빛에 영원히 거할 것을 말하고 있다. 전자는 저주받게 되고, 후자는 축복을 받게 된다.

요한계시록7

천년왕국과 신천신지 - 종말과 새 세계
(계 19:1-22:5)

또 내가 크고 흰 보좌와 그 위에 앉으신 이를 보니 땅과 하늘이 그 앞에서 피하여 간 데 없더라 또 내가 보니 죽은 자들이 큰 자나 작은 자나 그 보좌 앞에 서 있는데 책들이 펴 있고 또 다른 책이 펴졌으니 곧 생명책이라 죽은 자들이 자기 행위를 따라 책들에 기록된 대로 심판을 받으니 바다가 그 가운데에서 죽은 자들을 내주고 또 사망과 음부도 그 가운데에서 죽은 자들을 내주매 각 사람이 자기의 행위대로 심판을 받고 사망과 음부도 불못에 던져지니 이것은 둘째 사망 곧 불못이라 누구든지 생명책에 기록되지 못한 자는 불못에 던져지더라 또 내가 새 하늘과 새 땅을 보니 처음 하늘과 처음 땅이 없어졌고 바다도 다시 있지 않더라 또 내가 보매 거룩한 성 새 예루살렘이 하나님께로부터 하늘에서 내려오니 그 준비한 것이 신부가 남편을 위하여 단장한 것 같더라(계 20:11-21:2).

Ⅰ. 들어가는 말

공중권세 잡은 마귀가 지상으로 쫓겨난 후, 하늘에서는 어린 양의 혼인 잔치가 거행된다. 마침내 예수님이 구름과 같은 성도들과 함께 지상으로 재림하셔서 마귀와 그 대적자들을 모두 물리치고 천년 동안 다스리신다.

천년왕국이 끝날 때 마귀가 잠시 풀려나와 다시 반역하지만 순식간에 예수님이 멸하시고, 백보좌 심판이 시행되어 모든 구원받지 못한 자들은 불못에 던져진다. 그후로 이전의 하늘과 땅은 사라지고 새 하늘과 새 땅이 펼쳐지며, 새 예루살렘이 하늘로부터 내려와 하나님이 영원토록 사람들과 함께 거하시게 된다.

Ⅱ. 천국 축제와 지상재림(계 19:1-21)

1. 개요

짐승의 심판에 앞서 하늘의 찬양이 울려 퍼지고 어린 양의 혼인 잔치에 청함을 입은 자들의 복됨이 언급된다(계 19:9). 이제 백마를 타고 충신과 진실이라는 이름의 그리스도께서 재림하셔서(계 19:11), 아마겟돈에서 짐승과 땅의 임금들과 그 군대들을 심판하고 불못에 던지신다(계 19:19-20).

2. 하늘의 찬양과 혼인 잔치(계 19:1-10)

하늘에서 종교적 정치적 바벨론에 대한 하나님의 심판을 찬양하며, 이어서 어린 양의 혼인 잔치를 선포한다. 그 혼인 잔치에 참여하는 자가 얼마나 복된 것인지 사도 요한이 감격해 한다.

우리가 즐거워하고 크게 기뻐하며 그에게 영광을 돌리세 어린 양의 혼인 기약이 이르렀고 그의 아내가 자신을 준비하였으므로 그에게 빛나고 깨끗한 세마포 옷을 입도록 허락하셨으니 이 세마포 옷은 성도들의 옳은 행실이로다 하더라(계 19:7-8).

3. 예수님의 지상재림과 아마겟돈 전쟁(계 19:11-21)

1) 예수님의 지상재림

또 내가 하늘이 열린 것을 보니 보라 백마와 그것을 탄 자가 있으니 그 이름은 충신과 진실이라 그가 공의로 심판하며 싸우더라(계 19:11).

2) 예수님과 하늘의 군대들이 짐승과 땅의 임금들의 군대들과 전쟁하게 된다. 그 전쟁은 16장에 예시된 아마겟돈 전쟁이다(계 16:12-16).

또 내가 보매 그 짐승과 땅의 임금들과 그들의 군대들이 모여 그 말 탄 자와 그의 군대와 더불어 전쟁을 일으키다가(계 19:19).

Ⅲ. 천년왕국과 최후의 심판(계 20:1-15)

1. 개요

사탄은 결박되어 천년 동안 무저갱에 갇혀 있게 되고, 이 기간 동안에 천년 왕국이 이루어진다. 천년이 끝날 때 사탄이 무저갱에서 잠시 놓여나자 곡과 마곡을 미혹하여 전쟁을 일으키지만(곡과 마곡의 전쟁; 겔 39:1-16 참조), 곧 멸망하여 불과 유황의 못에 던져진다. 이제 모든 죽은 사람들이 부활하여 흰 보좌 앞에서 심판을 받는데, 무릇 생명책에 기록되지 않은 자들은 불못에 던져지게 된다.

2. 사탄의 사로잡힘

또 내가 보매 천사가 무저갱의 열쇠와 큰 쇠사슬을 그의 손에 가지고 하늘로부터 내려와서 용을 잡으니 곧 옛 뱀이요 마귀요 사탄이라 잡아서 천 년 동안 결박하여 무저갱에 던져 넣어 잠그고 그 위에 인봉하여 천 년이 차도록 다시는 만국을 미혹하지 못하게 하였는데 그 후에는 반드시 잠깐 놓이리라(계 20:1-3).

3. 천년왕국의 통치(계 20:4-6)

이 첫째 부활에 참여하는 자들은 복이 있고 거룩하도다 둘째 사망이 그들을 다스리는 권세가 없고 도리어 그들이 하나님과 그리스도의 제사장이 되어 천 년 동안 그리스도와 더불어 왕 노릇 하리라(계 20:6).

4. 사탄의 놓임과 곡과 마곡의 마지막 전쟁

천 년이 차매 사탄이 그 옥에서 놓여 나와서 땅의 사방 백성 곧 곡과 마곡을 미혹하고 모아 싸움을 붙이리니 그 수가 바다의 모래 같으리라(계 20:7-8).

5. 최후의 심판(계 20:11-15)

1) 죽은 자에 대한 백보좌 심판

또 내가 크고 흰 보좌와 그 위에 앉으신 이를 보니 땅과 하늘이 그 앞에서 피하여 간 데 없더라 또 내가 보니 죽은 자들이 큰 자나 작은 자나 그 보좌 앞에 서 있는데 책들이 펴 있고 또 다른 책이 펴졌으니 곧 생명책이라 죽은 자들이 자기 행위를 따라 책들에 기록된 대로 심판을 받으니(계 20:11-12).

2) 불못에 던져짐

문명화된 인간들의 마지막 행위는 하나님과 그의 그리스도에 대한 무력적인 반항이다(계 20:7-10). 그리스도 자신의 말씀을 제외하고 성경의 어느 다른 책도 죄에 대한 최종심판을 계시록보다 더 두렵게 묘사하고 있는 것은 없다. 누구든지 생명책에 기록되지 못한 자는 불못에 던져지게 된다.

사망과 음부도 불못에 던져지니 이것은 둘째 사망 곧 불못이라 누구든지 생명책에 기록되지 못한 자는 불못에 던져지더라(계 20:14-15).

Ⅳ. 신천신지 영원세계(계 21:1-22:5)

이전의 하늘과 땅은 사라지고 새 하늘과 새 땅이 펼쳐지며, 새 예루살렘이 하늘로부터 내려와 하나님이 함께 거하시리니 저희는 하나님의 백성이 되고 하나님은 친히 저희와 함께 계셔서 사망과 고통을 모두 없애주실 것이다(계 21:3-4). 새 예루살렘의 영광된 모습은 형용할 수 없고, 하나님과 어린 양의 보좌가 있어 영원토록 섬김 받으실 것이다.

1. 새 하늘과 새 땅과 새 예루살렘(계 21:1-8)

또 내가 새 하늘과 새 땅을 보니 처음 하늘과 처음 땅이 없어졌고 바다도 다시 있지 않더라 또 내가 보매 거룩한 성 새 예루살렘이 하나님께로부터 하늘에서 내려오니 그 준비한 것이 신부가 남편을 위하여 단장한 것 같더라(계 21:1-2).

2. 새 예루살렘의 영광(계 21:9-27)

1) 하나님의 도성(계 21:9-20)

성령으로 나를 데리고 크고 높은 산으로 올라가 하나님께로부터 하늘에서 내려오는 거룩한 성 예루살렘을 보이니 하나님의 영광이 있어 그 성의 빛이 지극히 귀한 보석 같고 벽옥과 수정 같이 맑더라 크고 높은 성곽이 있고 열두 문이 있는데 문에 열두 천사가 있고 그 문들 위에 이름을 썼으니 이스라엘 자손 열두 지파의 이름들이라(계 21:10-12).

2) 성전이신 하나님과 어린 양(계 21:21-27)

그 열두 문은 열두 진주니 각 문마다 한 개의 진주로 되어 있고 성이 길은 맑은 유리 같은 정금이더라 성 안에서 내가 성전을 보지 못하였으니 이는 주 하나님 곧 전능하신 이와 및 어린 양이 그 성전이심이라(계 21:21-22).

3. 하나님의 축복(계 22:1-5)

또 그가 수정 같이 맑은 생명수의 강을 내게 보이니 하나님과 및 어린 양의 보좌로부터 나와서 길 가운데로 흐르더라 강 좌우에 생명나무가 있어 열두 가지 열매를 맺되 달마다 그 열매를 맺고 그 나무 잎사귀들은 만국을 치료하기 위하여 있더라(계 22:1-2).

요한계시록8

맺는말 - 요한계시록에 대한 우리의 자세

(계 22:6-21)

나 예수는 교회들을 위하여 내 사자를 보내어 이것들을 너희에게 증언하게 하였노라 나는 다윗의 뿌리요 자손이니 곧 광명한 새벽 별이라 하시더라 성령과 신부가 말씀하시기를 오라 하시는도다 듣는 자도 오라 할 것이요 목마른 자도 올 것이요 또 원하는 자는 값없이 생명수를 받으라 하시더라 내가 이 두루마리의 예언의 말씀을 듣는 모든 사람에게 증언하노니 만일 누구든지 이것들 외에 더하면 하나님이 이 두루마리에 기록된 재앙들을 그에게 더하실 것이요 만일 누구든지 이 두루마리의 예언의 말씀에서 제하여 버리면 하나님이 이 두루마리에 기록된 생명나무와 및 거룩한 성에 참여함을 제하여 버리시리라 이것들을 증언하신 이가 이르시되 내가 진실로 속히 오리라 하시거늘 아멘 주 예수여 오시옵소서 주 예수의 은혜가 모든 자들에게 있을지어다 아멘(계 22:16-21).

Ⅰ. 들어가는 말

요한계시록의 마지막 부분에서 죄악의 세상을 심판하시고 정복하시는 그리스도의 역사가 엄중하고 정확하게 진행되고, 마침내 완성되는 것을 볼 수 있다. 이를 통해 성도들은 두려움과 감격과 찬양으로 하나님의 신실하심을 믿게 될 것이다.

계시록은 단순히 미래에 대한 호기심을 충족시켜주는 책이 아니라, 믿음으로 오늘을 살아감으로써 종말의 승리를 얻게 하는 하나님의 섭리를 기록한 책이다. 그러므로 요한계시록의 말씀을 통해 깨어서 충성된 삶을 살아가야 하는 것이다.

Ⅱ. 예언의 확증

계시록의 예언의 말씀을 지키는 자의 축복과 그 진실됨에 대한 천사의 증언, 회개와 심판의 선언, 예수 그리스도와 성령과 신부의 증언이 있고, 본서의 절대적 가치를 마지막으로 확증한다. 주 예수 그리스도의 재림에 대한 기원으로 계시록을 끝마치고 있다.

1. 말씀의 순종과 기쁨(계 22:6-9)

1) 말씀을 듣고 지켜야 한다.

보라 내가 속히 오리니 이 두루마리의 예언의 말씀을 지키는 자는 복이 있으리라 하더라(계 22:7).

2) 요한의 감격과 기쁨

요한은 너무 기쁘고 놀라워서 다시 한번 천사의 발 앞에 절하려 했다. 이처럼 계시록의 내용은 두렵거나 꺼려해야 할 것이 아니라 말할 수 없는 기쁨과 감사를 느끼게 해주는 말씀인 것이다. 또한 천사는 숭배의 대상이 아니라 함께 하나님의 사명을 수행하는 동역자의 관계이다.

> 이것들을 보고 들은 자는 나 요한이니 내가 듣고 볼 때에 이 일을 내게 보이던 천사의 발 앞에 경배하려고 엎드렸더니(계 22:8).

2. 말씀의 순종과 상급(계 22:10-15)

1) 열린 예언의 말씀

요한계시록의 가르침은 닫혀 있는 것이 아니라 열려 있어서 모든 사람들에게 전해지고 지켜져야 한다. 예언이 성취될 때가 가까웠기 때문이다.

2) 빛과 어둠의 선명한 구분

> 불의를 행하는 자는 그대로 불의를 행하고 더러운 자는 그대로 더럽고 의로운 자는 그대로 의를 행하고 거룩한 자는 그대로 거룩하게 하라(계 22:11).

3) 믿고 행한 자에 대한 보상

> 보라 내가 속히 오리니 내가 줄 상이 내게 있어 각 사람에게 그가 행한 대로 갚아 주리라(계 22:12).

4) 마지막까지의 정결한 믿음

최후의 순간까지 삶의 두루마기를 깨끗하게 해야 한다. 날마다 그리스도의 보혈을 의지하고, 언제라도 성령님과 함께 들려올라갈 준비가 되어 있어야 한다. 그렇게 하지 않는 자들과 점술가들과 음행하는 자들과 살인자들과 우상 숭배자들과 및 거짓말을 좋아하며 지어내는 자들은 새 예루살렘 성에 들어가지 못하고 불못에 던져질 것이다(계 20:13-15).

3. 구원에의 마지막 초청(계 22:16-19)

1) 다윗언약의 자손인 예수님의 확실한 증언

나 예수는 교회들을 위하여 내 사자를 보내어 이것들을 너희에게 증언하게 하였노라 나는 다윗의 뿌리요 자손이니 곧 광명한 새벽 별이라 하시더라(계 22:16).

2) 성령을 통한 선포와 교회의 증언(계 19:7,10)

성령과 신부가 말씀하시기를 오라 하시는도다 듣는 자도 오라 할 것이요 목마른 자도 올 것이요 또 원하는 자는 값없이 생명수를 받으라 하시더라(계 22:17).

3) 가감할 수 없는 예언의 말씀

만일 누구든지 이 두루마리의 예언의 말씀에서 제하여 버리면 하나님이 이 두루마리에 기록된 생명나무와 및 거룩한 성에 참여함을 제하여 버리시리라(계 22:19).

4. 다시 오실 예수님(계 22:20)

1) 신약성경의 마지막은 "내가 속히 오리라"는 거듭된 약속과 "아멘 주 예수여 오시옵소서"(헬라어 μαράνα θα, 아람어 מָרַנָא תָא, Our Lord, Come!)로 끝맺는다.

2) 예수님은 이제 죄와 상관없이 자기를 바라는 사람에게 두 번째 나타나실 것이다(히 9:28). 계시록은 이러한 놀라운 계시와 위대한 승리를 말하고 있다.

5. 축도

주 예수의 은혜가 모든 자들에게 있을지어다 아멘(계 22:21).

Ⅲ. 요한계시록과 묵시문학

1. 묵시문학의 특징

1) 묵시문학은 일반적으로 박해와 억압의 시기에 신앙 때문에 고난을 받는 사람들을 위로하기 위하여 기록되었다. 그러므로 현 상황에 대한 극심한 좌절과 함께 미래에 있어서의 하나님의 개입에 대한 강렬한 소망을 표현하고 있다.

2) 상징적 숫자와 언어, 꿈과 환상 등을 사용한다. 상징적 숫자로 "7"이라는 숫자는 일곱 교회(계 2:1,8,12,18; 3:1,7,14), 일곱 인, 일곱 나팔, 일곱 우레, 일곱 대접, 일곱 인물들(계 12:1) 그리고 칠복(계 1:3) 등에서 나타난다. 일곱이라는 숫자의 사용은 계시록이 일정한 사상의 체계를 갖춘 조직적인 것임을 말해준다. 그 밖에 24장로(계 4:4), 네 생물(계 4:6), 네 명의 말을 탄 자(계 6:1-8), 네 천사(계 9:14), 인 맞은 십 사만 사천 명(계 7:4, 14:1), 열두 문이 있는 하나님의 도성(계 21:12), 열두 기초(계 21:14), 생명나무의 열두 가지 실과(계 22:2) 등이다.

3) 하나님의 목적의 진행에 있어서의 사자들이나 사역자들로 천사와 마귀의 세력들을 다루고 있다.

4) 악인들에 대한 재앙을 선언하고, 의인들에 대한 초자연적인 구원을 예언한다.

5) 성경 역사상의 특출한 인물들, 에스라(에스드라서)나 에녹(에녹서) 등의 이름을 빌어서 저술하고 있다.

2. 요한계시록과 묵시문학의 연관성

요한계시록은 저자가 자신의 이름을 직접 밝히고 있으며, 자신이 과거의 유명한 사람이 아니라 지금의 계시적 말씀에 참여하고 있다는 점에서 다른 묵시문학과는 차이가 있다. 그러나 그 이외의 형식에 있어서는 묵시문학적인 특성들을 갖추고 있다. 그래서 요한 묵시록으로 말하기도 한다(공동번역 성서와 일본성서 등).

Ⅳ. 요한계시록의 특징

1. 계시(묵시) 문학적 성격으로 고난 가운데 신앙을 견지하면서 마지막 구원에 대한 꿈과 환상을 기록하고 있다. 기독교회가 로마제국으로부터 박해를 받던 시기에 교회들이 박해를 잘 견디어 내도록 격려하고, 종국적으로 하나님께서 그의 백성들을 악의 세력에서 구원해 주실 것을 확신시키는데 기록 목적이 있다.

2. 예수 그리스도 중심으로 기록하되, 하나님 어린 양으로서의 수난과 현재 하나님 보좌에 앉아 계시고 장차 재림하셔서 대심판자로 군림하실 것이 강조되어 있다.

3. 심판이 시행될 때의 배경은 하나님 보좌 주위로 집중된다(계 4:2; 19:5). 그리고 마지막 심판도 똑같은 보좌로부터 선포되어진다(계 20:11). 새 하늘과 새 땅을 묘사할 때에도 보좌는 생명의 강의 원천으로서 역시 모든 것의 중앙에 위치한다(계 22:1). 이와 같은 보좌에 대한 강조는 하나님의 주권성을 명확하게 하고 모든 인간사를 하나님께서 영원토록 통치하심을 보여주는 것이다.

한상인교수의

성경 66권 맥잡기2(신약편)

발 행 일 : 2013년 9월 16일
2쇄발행 : 2013년 10월 16일

지 은 이　한상인
디 자 인　영성기백
펴 낸 이　임정훈
펴 낸 곳　다윗의열쇠
주　　소　인천 부평구 부개로 12
등　　록　제 2011-20호(2011. 9. 20)

* 독자의 의견을 기다립니다.

이 메 일　keyofdavid@hanmail.net
전　　화　070)8637-2369, 010)8458-3927
팩　　스　02)6918-4153
홈페이지　http://cafe.daum.net/keyofdavid

책 값 / 뒤표지에 있습니다.
ISBN / 978-89-967321-4-3 04230
978-89-967321-5-0(세트)

거룩하고 진실하사 다윗의 열쇠를 가지신 이 곧 열면 닫을 자가 없고
닫으면 열 사람이 없는 그(예수님)가 이르시되(계 3:7)

다윗의열쇠는 세상의 모든 것을 열고, 닫으시는 예수님의 권세와 능력의 상징입니다.
도서출판 다윗의열쇠는 왕이요 구원자 되신 예수님을 온 민족과 열방에 증거하기 위해 2011년 9월에 설립되었습니다.

이런 목적을 위해 첫째, 국내외 선교사님들의 사역을 직간접적으로 섬기고, 둘째, 치유와 회복을 통해 목회자분들과 성도님들의 영적 성장을 도우며, 셋째, 기름 부으심 있는 글을 통해 하나님의 사명자를 세우는 사역에 헌신하고 있습니다.

「이 도서의 국립중앙도서관 출판시도서목록(CIP)은 서지정보유통지원시스템 홈페이지(http://seoji.nl.go.kr)와
국가자료공동목록시스템(http://www.nl.go.kr/kolisnet)에서 이용하실 수 있습니다.(CIP제어번호: CIP2013017897)」